JN125322

どこへ行っても

「顔見知り」ができる人、できない人

有川真由美

PHP

私たちの周囲には、あふれかえるほど、
たくさんの人がいます。

けれど、その多くの人たちの
顔も名前も知らないし、
たとえ名前は知っていても、
会話を交わすことも
ほとんどない関係です。

人と人が、その場かぎりの細いつながりで
関わり合っている時代。

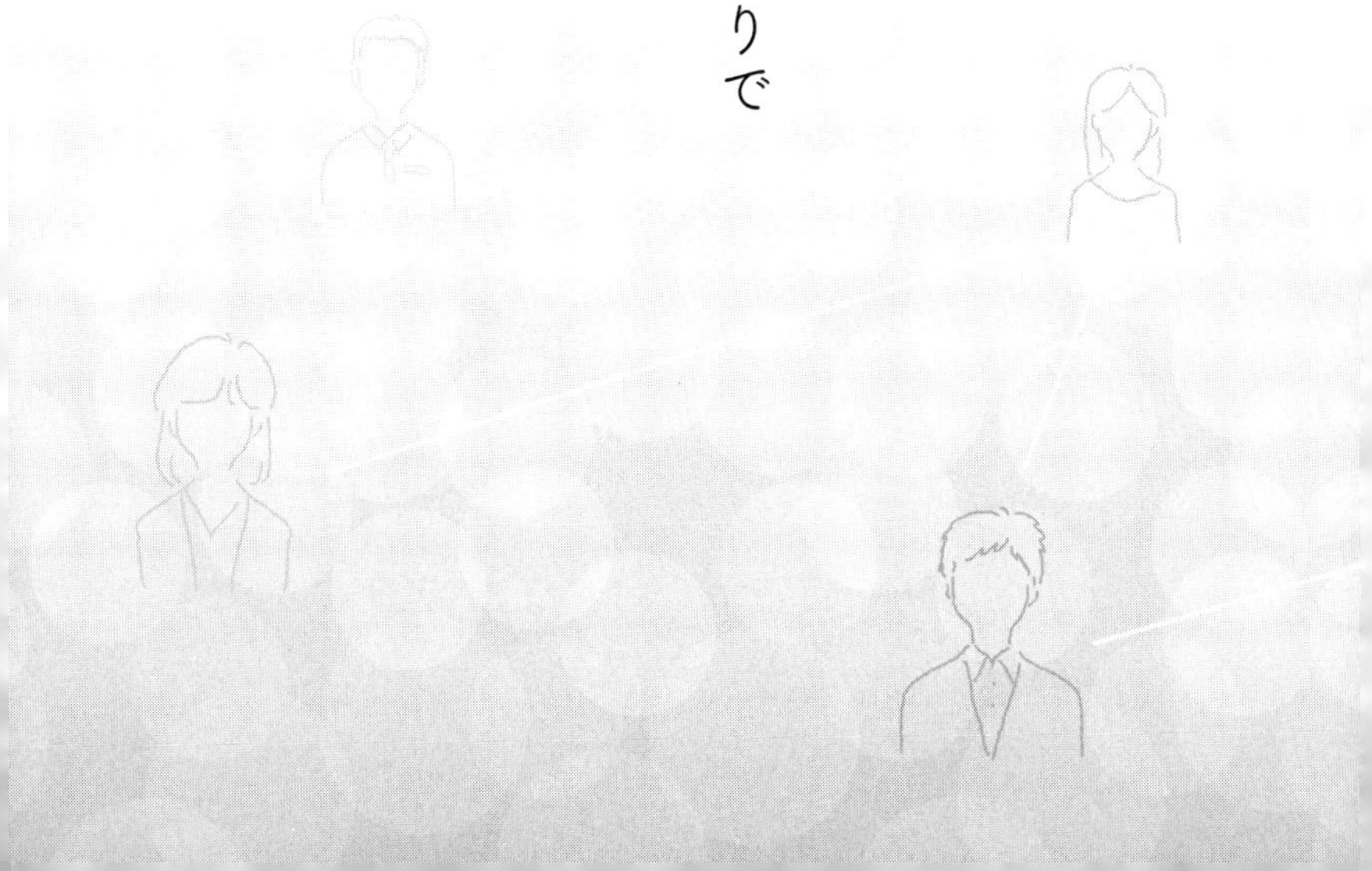

そんなとき、

「アリカワさん、おはようございます」

「今日のスーツ、かっこいいですね」

「最近、お見かけしなかったですね」

なんて声をかけ合う〝顔見知り〟の人がいると、

どんな変化が起こるでしょうか？

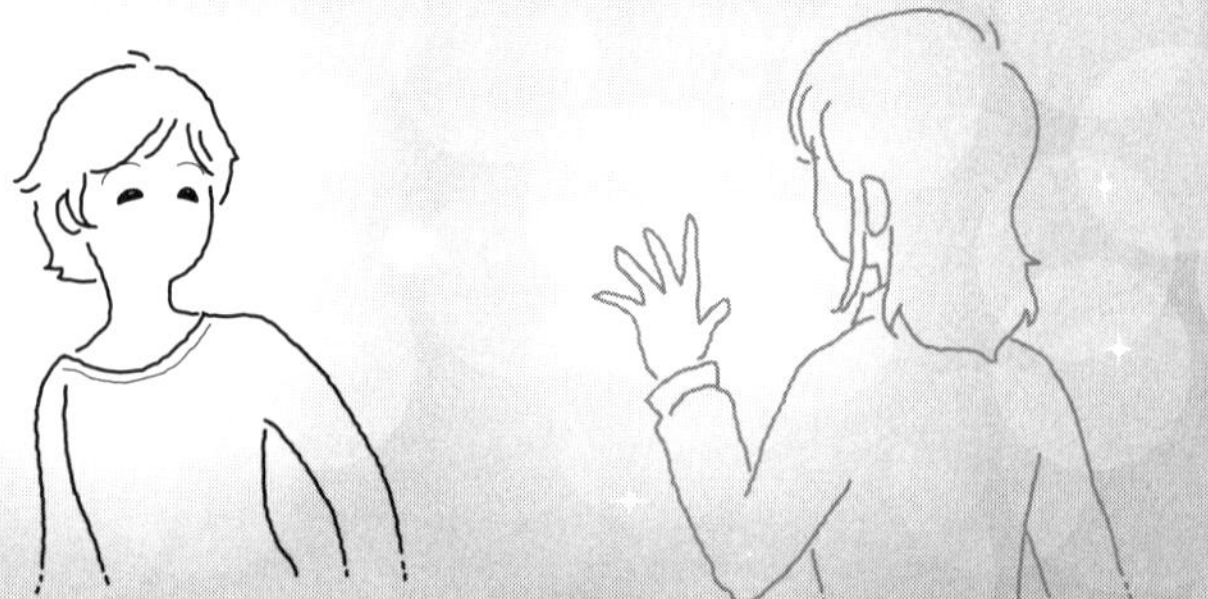

名前を覚えて呼び合う人がいること、
顔を合わせると笑顔であいさつをする人がいること、
自分がいないと「どうしたの？」と
思ってくれる人がいること……
それだけでも、安心できて、心があたたまるものです。
〝顔見知り〟になりさえすれば、人間関係はそこから自然に
広がったり、深まったり。
大切な友人やパートナーへと発展する可能性もあります。

まずは、〝顔見知り〟になる……。

〝顔見知りになるスキル〟は、じつはとても重要で、
人生を変えていくほどの力を秘めています。

たくさんの人と接しているのに、
親しくならないのはもったいない。

だれもが心のなかでは自分を認めてほしいと願っているはず。

自分から心を開いて相手を見ようとする人には、
計り知れない恩恵があるのです。

この本に書いてあることを、ひとつでも実践すると、つぎのようなことが起こるはずです。

- 興味がある人と、距離が縮められるようになる
- 人に話しかけることが苦でなくなる
- だれとでも気軽に雑談ができるようになる
- 人に助けてもらうこと、人を助けることが増える
- 自然体で接し、自分に自信がもてるようになる
- 〝いい人〟たちに囲まれていると感謝できる
- 出逢いとチャンスが増えて、自分の力を生かせるようになる

この本では、できるだけ簡単な言葉や行動で、
大きな成果が出せることだけを集めました。
あなたがやれそうだと思うことから実践してみてください。
その展開を面白がりながら、感謝しながら、
自分の道を進んでください。
あなたの行く道で、多くの〝顔見知り〟たちが、
あなたをあたたかく見守り、やさしく手助けし、
刺激的に盛り上げてくれることを確信しています。

どこへ行っても「顔見知り」ができる人、できない人

目次

第1章

どこへ行っても「顔見知り」ができる人の共通点

01 とりあえず、顔を上げる —— 20
02 「あいさつ」にひと言添えるだけでいい —— 22
03 質問されたら、「YES(NO)+α」で答える —— 24
04 短く、ちょこちょこ話す「スモールトーク」を重ねる —— 26
05 「共通すること」をすぐに見つけて、話題にする —— 28
06 あいづちだけでなく〝感情リアクション〟で反応する —— 30
07 どんな人の、どんな話にも興味をもって面白がる —— 32
08 たったひと言「ほめる」だけで笑顔になる —— 34
09 名前をさりげなく会話のなかに差し込む —— 36
10 〝話し上手〟より〝話させ上手〟になる —— 38
11 「小さな喜び」「小さな苦労」に共感する —— 40

12 やっぱり〝笑顔〟は最強 42
13 「本来、人間はあたたかいもの」と心を開く 44
14 まず声をかける。そこからなにかが始まる 46

第2章

内気な人でも大丈夫。「話しかける」コツ

01 「話しかけられる人」ではなく「話しかける人」になる 50
02 まずは見たまま、感じたままを口にしよう 52
03 〝第三のこと〟を話題にする「三角話法」 54
04 〝犬〟〝赤ちゃん〟〝趣味〟は、だれもが笑顔になれる話題 56
05 「答えやすい質問」は自分も相手もラクになる 58
06 声かけの「基本型」をもつ 60
07 〝共感〟できることを探せば、話題に事欠かない 62

08 〝ちょっとした変化〟に気づいたらチャンス――64
09 「もしかして～」は有能な会話の入り口――66
10 〝小さな頼みごと〟をして、お礼を言う――68
11 一見地味な〝壁の花〟を束ねる――70
12 相手に動きがあったら、横か斜め前から話しかける――72
13 頼もしい〝世話好きおばちゃん〟に話しかける――74
14 ちょっとしたお菓子で〝気持ち〟をあげる――76
15 〝心配〟の気持ちから話しかける――78
16 相手の鈍い反応、冷たい反応に〝慣れる〟――80
17 見知らぬ相手こそ、警戒させないマナーが大事――82
18 練習のつもりで、お店の人にどんどん話しかける――84
19 年上には〝聞きたがり〟、年下には〝ほめたがり〟になる――86
20 〝雑談〟は盛り上がらなくてもいい――88
21 話しかけたいけれど、どうしても話しかけられないのなら――90

第3章

「なぜか顔見知りができない」をなくすちょっとしたヒケツ

01 〝話しかけないでオーラ〟を発していませんか？――94

02 「定番の会話」から話が広がらないのではありませんか？――96

03 自分が知らない話題だと、尻込みしませんか？――98

04 「その場かぎりのおつき合い」になっていませんか？――100

05 気がつけば、自分の話ばかりしていませんか？――102

06 どんなふうに、自分のことを伝えていますか？――104

07 「いいところ」ばかり見せようとしていませんか？――106

08 「いい人」であろうと、無理をしていませんか？――108

09 相手を「その他大勢の一人」として扱っていませんか？――110

10 「一対一」で話す機会がないのではありませんか？――112

11 「沈黙」を恐れて、会話に消極的になっていませんか？――114

12 〝損得勘定〟でつき合う人を決めていませんか？ 116
13 無意識に〝マウント〟をとろうとしていませんか？ 118
14 「違う価値観は認めたくない」のではありませんか？ 120
15 「自分はダメな人間だ」という感覚はありませんか？ 122

第4章 気軽に話せる関係をつくる人のちょっとしたマナー

01 言葉遣いが丁寧な人は、安心して話せる 126
02 けっして偉ぶらないで、相手の目線で話す 128
03 相手に体ごと向けて、目の前の人との会話に集中する 130
04 前に聞いたことを、さりげなく話題にする 132
05 いいものは、おすすめする。おすすめされたら、すぐに試す 134
06 「ありがとう」は2回以上、Iメッセージを添えて 136

07 「でも」を封印し、〝受容〟の言葉から始める――138
08 相手のペースに合わせて「待つ」余裕をもつ――140
09 「ちょうど」「たまたま」「ついでに」で心の負担を軽くする――142
10 「聞いてはいけないタブー」に踏み込まない――144
11 「決めつけない」人は、心が開いている――146
12 人が話をしているときは、相手の話を遮《さえぎ》らない――148
13 肯定的な言葉で始めて、肯定的な言葉で締める――150
14 「SNS」だからこそ、つき合う相手を厳選する――152
15 小さな口約束ほど守る――154
16 置いてきぼりの人をつくらない――156

第5章

〝助けてもらい上手〟になる方法

01 助けてもらいやすい人は、「放っておけない」と思わせる人 —— 160
02 〝助けてもらい上手〟は、「好き」と「スキ（隙）」がある人 —— 162
03 親切や手助けの恩は、〝送りっぱなし〟が基本 —— 164
04 「ダメなところ」があるから、助けたくなる —— 166
05 人と会うたびに「言うべきお礼はないか」と考える —— 168
06 自分に興味をもってくれる人に「ギブ」を集中させる —— 170
07 「世話好きな人」と「お節介な人」を見分ける —— 172
08 〝お願い〟より〝相談〟してみる —— 174
09 伝えるべき人に「やりたいこと」を伝えておく —— 176
10 「たすけて」の4文字が言えないあなたへ —— 178

第6章

どこへ行っても、気楽なつながりをつくれる人

01 上下関係から解放されて、〝ただの人〟としてつながる ―― 182
02 「居場所」をつくるには、まず自分から〝受け入れる〟 ―― 184
03 〝居場所〟が欲しければ、自分がだれかの〝居場所〟になる ―― 186
04 「それ、やりますよ」で、自然につながりが生まれる ―― 188
05 一緒に体を動かすと、連帯感が生まれる ―― 190
06 「馴染みの店」「馴染みのメンツ」をつくろう ―― 192
07 トラブルがあると、人と人のつながりは強くなる ―― 194
08 ユーモアのある人は、出逢いも多く、人づき合いが続きやすい ―― 196
09 一歩踏み出すと、出逢いの頻度が高まる ―― 198
10 人が集まる場の〝プチ主催者〟になってみる ―― 200
11 〝知り合い〟から〝友人〟になるために必要なもの ―― 202

12 「ほどほどの距離感」の基準をもつ――204
13 相手の欠点に慣れると、つながりが深まる――206
14 気楽なつながりをもつためには、孤独であることも必要――208

装丁：小口翔平＋畑中 茜（tobufune）
装画：長野美里
本文イラスト：齋藤稔（株式会社ジーラム）

第1章

どこへ行っても「顔見知り」ができる人の共通点

01

とりあえず、顔を上げる

自動的に意識が外に向いて、親しみやすくなります

声をかけやすい人、すぐ顔見知りになれそうな人とは、どんな人でしょうか？

私たちは普段から、無意識に人を選んで話しかけています。

たとえば、なにかを尋ねるとき、「あの人なら親切に教えてくれそう」とか、「この人は忙しそうだから、やめておこう」というように、その人から醸《かも》し出される雰囲気を瞬時に感じ取っているはずです。

「声をかけられる人」に共通する特徴のひとつは、顔を上げていること。それだけで自然に背筋が伸びて、表情もやわらかくなって、まわりに心を開いている印象があります。視線も外に向いているので、人の動きをキャッチして目が合いやすいのです。

反対に、声をかけにくい人は、大抵うつむき加減で背中が丸まっていて、他人に関

心がなく、自分の殻に閉じこもっている印象があります。意識していないと、人の顔は不機嫌に見えることが多いもの。とくにスマホをいじっている人は、無意識に他人を拒絶するような〝話しかけないでオーラ〟を発しているように感じます。

顔を上げているかどうかだけで、〝親しみやすさ〟の印象はまるで違うのです。

なかには、ほんとうは話しかけてほしいのに、恥ずかしがり屋でうつむいている人もいるようです。私もかつてはそんなタイプで、一人でもじもじしていたものです。

しかし、「自意識過剰。他人はそれほど自分を気にしていない」と考えるようにしてから、顔を上げて、自分ではなく、他人に意識を向けるようになりました。

パーティなどでも「どんな人がいるんだろう?」とまわりを観察していると、目が合ったり、声をかけられたりすることが増えてきました。なにより、顔を上げるだけで、自動的に心が開いて明るい気分になっていきます。

「いつでも声をかけていいですよ」という余裕をまとっている人は、大人としてかっこいい。自分の心持ちひとつ、小さな行動ひとつで、だれでも声をかけられる人になれるのです。

02

「あいさつ」にひと言添えるだけでいい

大切なのは、自分の言葉で会話することです

職場や習い事、ご近所などで「すごく感じのいい人だな」「お近づきになりたいな」という人がいるとき、どう話しかけていいものかと悩むかもしれません。

でも、そんなにむずかしく考える必要はありません。

もっとも簡単で効果的で、自然にお近づきになれる方法は、「あいさつ」にひと言添えることです。

たとえば、「おはようございます。朝晩、涼しくなってきましたね」「こんにちは。あら、おしゃれな傘！」「おつかれさまです。今日は帰社が早かったですね」など、当たり障《さわ》りのないひと言でいいのです。

するど、相手からも「おはよう。いまの時期は過ごしやすくていいね」などと返っ

てきて、なにげない会話が生まれます。

添えるひと言は、季節や天気、日ごろの感謝、労《ねぎら》い、相手へのほめ言葉、気づきなど、ありきたりなコメントでいいのです。

「おはようございます」だけで終わるのと、それにひと言添えるのとでは、印象がまったく異なります。**ひと言あるだけで、「お近づきになりたいです」という気持ちが伝わり、〝あいさつ〟が、自然な〝雑談〟になるのです。**

メールでも、「いつもお世話になっております」と定型文だけで始めるのと、「今日もいい天気ですね」と自分の言葉がひと言添えてあるのとでは、大違い。たった〝ひと言〟でも、それは相手のために自分が選んだ言葉なのです。

単なるあいさつだからと、雑にやってはもったいない。あいさつは、相手との距離を縮める最大のチャンス。ひと言二言添えて会話をしているうちに、気づけば「よく話す仲」になっていることもあります。

大切なのは、自分の言葉で話すこと。いつも顔を合わせている家族や同僚でも、「おはよう」や「ありがとう」にひと言添えるだけで、血の通った会話になるのです。

03

質問されたら、「YES（NO）＋α」で答える

「一問一答」は大人の〝会話〟ではありません

「私は人と話すのが苦手で……」という人のなかに、こんな話し方をする人がいます。「なにか運動してます？」と話しかけると、「いえ、なにも……」。「旅行は楽しかった？」→「はい」。「仕事はうまくいってる？」→「まあなんとか」。

という具合に、問いかけへの答えがひと言で終わってしまうので、会話が続きません。これでは、まるで大人が子どもにあれこれ質問しているようです。

受け身な態度も「話しにくい人」の特徴のひとつ。「話したくないのかな」と思われても仕方ないでしょう。**〝会話〟のキャッチボールは、投げられたボールをただキャッチして終わるのではなく、相手に投げ返す必要があるのです。**

あいさつにひと言添えれば〝雑談〟になるのと同じで、質問にも「はい（いい

え)」に、もうひと言だけ、つけ加えて返せばいいのです。

たとえば「なにか運動してます?」と聞かれたら、「いいえ」のあとに「あ、犬の散歩はするか……」とか「運動が苦手で……」とか「水泳をしたいと思って早3年」とか思ったことを適当に。そこから連想ゲームのように話が膨らんでいきます。

とくに「芸能人で推しとかっています?」とか「卵焼きってどんな味付けが好きですか?」なんて唐突な質問をしてきたときは、本人が話したがっているテーマである可能性大。答えたあとに「○○さんはどうですか?」と聞き返してあげるのがやさしさというもの。

リアルな会話だけでなく、メールやSNSでも「打ち合わせは10時からになりました」などの連絡に「はい」「了解」だけしか返ってこないと、「嫌なの?」「なにかあった?」と不安になる人もいます。「連絡ありがとう」「楽しみにしています」「また明日!」など簡単なひと言が添えてあるだけで、ほっと安心し、あたたかい印象です。

年下や新入りだとつい受け身になってしまいがちですが、口下手《べた》でも、少しでも話そうとしてくれる人は、気軽に話せる関係になりやすいでしょう。

04

短く、ちょこちょこ話す「スモールトーク」を重ねる

雑談は10秒あれば、そこそこ楽しい話ができます

人と仲良くなるためには、雑談でたくさんしゃべること、長時間じっくり話すことが大事だと思っている人がいるかもしれません。

しかし、まったく逆で、雑談は〝長さ〟よりも〝頻度〟のほうが大事なのです。

とくに近所の人、職場の人、よく行く八百屋さんなどと、通りすがりの雑談をするなら、「長く会話すること」よりも、「短く切り上げること」に意識を向けましょう。

気楽に話せる相手だと認識されれば、声をかけられることも多くなります。

ほんの10秒ほどの会話でも、じゅうぶんあたたかい交流ができるのです。

たとえば、近所の人と会って「あら、お出かけですか?」「ええ。ちょっとお買い物に」「雨が上がってよかったですね。行ってらっしゃい!」「行ってきまーす」。

同僚が休憩室に入ってきて「新しい仕事、慣れた？」「全然。歳のせいか物覚えが悪くて」「みんなそうよ。手伝えることがあったら言ってね」「ありがとう！」。

これで10秒。そこそこ中身のある会話ができるのです。

また、話しやすい人は、短く簡潔に伝えようとする傾向があります。短いコメントだからこそ、印象に残るもの。だらだらとしゃべる相手だとなにが言いたいのかわからず、面倒に感じてしまうものです。

ほんのひと言二言、しかも10秒でいいと考えると、気がラクになりませんか？

会話のキャッチボールは、自分がもつ時間をできるだけ短くして、テンポよく相手に返すこと、さくっと早めに終わらせることがコツ。そんな「スモールトーク」をちょこちょこ重ねることで、心の距離が近くなり、〝顔見知り〟が増えていきます。

居合わせた人たちにフレンドリーに話しかける「スモールトーク」の文化が海外で発達したのは、多様な人たちの警戒心を解いて、その場の空気を心地よいものにするため。私たちのいまいる場所でも、今後、必要性が増していくはず。「ちょっとずつの会話」を心がけることで、日常のなかで心地よい関係ができていくと思うのです。

05

「共通すること」をすぐに見つけて、話題にする

共通点があると、人は好意も興味ももちやすくなります

どこに行っても、人と親しくなれる人は、すぐに〝共通点〟を見つけようとするものです。

初対面の人、年齢が離れている人、立場が違う人であっても、「出身地が同じ」「やっていたスポーツが同じ」「好きなアーティストが同じ」など、共通点があることがわかると、話が一気に盛り上がって、打ち解けることがあります。

「類は友を呼ぶ」というように、人は自分と共通点をもつ人に好感や親近感を覚えて惹《ひ》かれ合うもの。共通点が見つかれば、「好みが同じで、嬉しい！」「じゃあ、◯◯はご存じですか？」「今度、一緒にやりませんか？」なんて話も広げやすくなります。

ただし、共通点を見つけようと、初対面の人にいきなり「出身は？」「年齢は？」

「血液型は？」なんて矢継ぎ早に聞いていては、相手も引いてしまいます。**まずは〝見た目〟の情報から入るといいでしょう。**むずかしく考えることはありません。「私もそのブランドの服、好きなんです」「あ、ボールペンが同じ。使いやすいですよね」「同じ飲み物ですね。では、乾杯～」なんて具合。

名刺は共通点探しの宝庫。「じつは私、近くの会社に通っていました」「名前に同じ漢字が入っていますね」「私も◯◯に関連した仕事をしています」というように。

私は先日、海外から帰ってくる機内で、となりの若い外国人女性に話しかけようかと迷っていたところ、ふと気づいたのです。「あーーー、同じ映画観てる！」。「たくさんある映画から同じ映画を選ぶなんて、すごい偶然」と話しかけて、意気投合。さらに「一人旅が好き」「歴史を感じる場所が好き」「忘れ物が多い」などの共通点を見つけて話が弾み、その後メール交換をするようになりました。

最終的には、見た目や肩書きなど、わかりやすい共通点よりも、好きなものや価値観など考え方の共通点のほうが、仲良くなりやすいもの。そんな共通点は、相手に興味をもちさえすれば、どんな人からも探し出すことができるのです。

06

あいづちだけでなく〝感情リアクション〟で反応する

「楽しそうに話ができる」が会話上手の第一歩です

会話をするときにバリエーション豊かにあいづちを打とうとしたり、気の利いたコメントをしたりしようとすると、言葉に詰まってしまうものです。

会話を楽しんで親しくなろうとするなら、むずかしく考えないほうがいいのです。「えー？」「おお！」「やったー！」と素直な〝感情リアクション〟のほうが、相手も話しやすく、だんだん乗ってきます。顔の表情や声のトーン、ジェスチャーも合わせて、3割程度オーバーめに返したほうが、相手にとってはちょうどいいはずです。

私はセミナーをするとき、まず受講者のなかから、目をキラキラさせて大きく頷《うなず》いたり、声を出して笑ったりして、楽しそうに聴いてくれている人を探します。

ときどき、その人に目をやると、「よしよし、ちゃんと聴いてくれている」「楽しそうにしてくれている」と安心して、どんどん話したくなります。

反対に、なにを話しても無表情な人が目につくと、「つまらないのかな」と心配に。あとから個人的に話すと「面白かったです！」なんて言ってくれるのですが、無表情な人はなにを考えているかわからないので、本人が思う以上に、気になるものです。

感情リアクションは、喜び、楽しさ、怒り、悲しさ、面白さ、納得感などいろいろありますが、もっとも会話を盛り上げてくれるのは、驚きのリアクションです。

会話上手な人は、まるでお笑い芸人のように驚くのがうまい。「え？！」「あ！！」「うわっ」「おおっ」「びっくり」「それはすごい」と、ときどき、合いの手を入れてくれるので、聞くほうも話すほうも盛り上がるのです。

たとえば「同窓会に１００人集まった」という話も、「そうなんだー」と薄く反応するより、「え？　１００人？　多くない？　なんで？！」と驚きを表現するだけで、楽しい雰囲気になります。ただし、やりすぎはわざとらしくなるので要注意。

どんな人にも興味をもって、相手の顔を見て会話すること。素直に感情を表現することを心がければ、仲良くなれる確率はぐんと高まるはずです。

07 どんな人の、どんな話にも興味をもって面白がる

相手の話に〝乗っかる〟習慣は、自分の世界を広げてくれます

「この人は、どんな人とも友だちになれるんじゃないか」と思わせる人というのは、好奇心が旺盛で、だれの、どんな話にも面白がって耳を傾けます。一方、自分から交友関係を狭めている人は、自分と関係のないことには、まったく興味を示さないのです。

相手の話に乗ってあげられるかどうかで、会話の楽しさは大きく変わります。

たとえば、「最近、サウナにハマってるんです」と言われたときに、「私はあまり行かないです」などと返すと、会話はすぐに途切れてしまいます。

「私はあまり行かないんですけど、流行《はや》ってますよね。どんなところが魅力なんですか?」とか、「デトックスになりそうですよね」「サウナに行ってなにか変化はありました?」「おすすめのサウナはあります?」なんて、自分の興味に寄せて聞いてみる

と、相手はどんどん話してくれるし、自分も楽しくなってきます。

興味のないテーマでも、「もし自分がやるとしたら、どうなんだろう」「そうなった人の心境はどうなのか」「そんな世界があるのか」と、想像を膨らませて面白がるスキルは、相手に話をさせながらも、その場を楽しくする主導権を握っているのです。

相手に〝乗っかる〟ことのできる人は、自然に話題も交友関係も広がっていきます。

気をつけないといけないのは、よく知らないのに合わせようと知ったかぶりをしたり、マウントをとって張り合おうとしたりすること。**知らないことは、自然体で「教えて！」と学びの姿勢、自分も詳しいときは「じつは私も好きなんですよ」と共感や協力の姿勢になったほうが、肩の力を抜いて話ができるはずです。**

会話とは、それ自体を楽しむことが目的で、お互いの信頼感を深める方法でもあります。会話が成り立たないと、関係を築くことはむずかしいもの。顔見知りにもなれないし、夫婦や恋人、仕事仲間であっても会話がなかったら楽しくないでしょう。

どんな人にも物語があり、面白いエピソードや貴重な情報が隠れています。その人自身に興味をもつことが、会話上手の基本かもしれません。

08

たったひと言「ほめる」だけで笑顔になる

だれでもほめられるのは大好き

職場でも趣味のサークルでも、すぐに仲良くなれて、良好な関係が続く人は、よく人の長所に目を向けて、ほめることが多いものです。

たとえば、初めて会った人にも、気さくに「おしゃれなシャツですね。よくお似合いです」「色の組み合わせが、いいですね」なんて話しかける。ときどき顔を合わせる人には「今日もいい笑顔！」「物知りだなぁ」「言葉遣いが丁寧」「働き者！」「声に癒やされます」など、相手の〝ほめポイント〟を見つけて伝えようとするのです。

最近、私が初対面の人から言われて嬉しかったほめ言葉は、「佇《たたず》まいがいいですね」。〝佇まい〟という言葉が新鮮で、その人のことが「自分も知らないよさを認めてくれた特別な人」として忘れられない存在になったのです。

子どもからお年寄りまで、だれでもほめられるのは大好き。相手のことが好きになり、こちらも相手を認めよう、ほめよう、喜ばせようという気持ちになります。

たったひと言、ほめるだけで、互いに笑顔になれるのです。

ほめることは、お金も時間もかからず、大きな恩恵があるのに、その重要性を理解していない人が多いようです。とくに現代社会では、多くの人が孤独を抱えていて、心の奥で「自分を認めてほしい」「わかってほしい」と渇望《かつぼう》しています。

つまり、需要に対して、ほめてくれる人の供給が圧倒的に不足しているのです。上司でも、夫婦でも、相手をほめて認めることで継続できる関係もあるかもしれません。

もしも、あなたがほめることに慣れていなければ、いいなと思ったときに、すかさず「いいね」「さすが」「すばらしい」と、簡単な言葉でも口に出すことから始めるといいでしょう。今まで話をしなかった相手でも、にっこりして「髪、切ったんですか？素敵です」「会議での提案、すごくよかったです」なんて言ってみてはいかがでしょう。

ほめる習慣でいちばん得をしているのは、自分自身。相手のいいところを見ようとするので、嫌悪感やストレスが軽減されて、人間関係がうまくまわり始めるのです。

09

名前をさりげなく会話のなかに差し込む

「あなたを大切にしています」というメッセージが伝わります

相手との距離を一気に縮めて〝顔見知り〟になるために、ぜひ習慣にしてほしいのが「相手の名前を呼ぶこと」です。自己紹介をされたり、名刺をいただいたりしたら、すぐに会話のなかにさりげなく、相手の名前を差し込みましょう。

名前というのは、相手が人生のなかでいちばん耳にしていて、もっとも甘く、心地よく響く言葉。「どう思いますか？」と聞かれるよりも、「◯◯さんは、どう思いますか？」と聞かれたほうが、自分が尊重されているようで、「ちゃんと答えよう」と思うはずです。

名前を差し込める会話はいくらでもあります。「たしかに、◯◯さんのおっしゃる通りですね」「◯◯さんもカラオケに行かれることがあるんですか？」「◯◯さんは大阪のご出身ですよね」「◯◯さん、ひとつ質問していいですか？」という具合に。

名前を連呼しすぎるとわざとらしくなりますが、適度に挟むと、相手に「自分は名前を呼んでもらえる存在なのだ」と思われて、親密度がぐんと高まるのです。

名前を繰り返し口にすることで、名前が覚えやすくなるというメリットもあります。

ある有名俳優が、ドラマの収録前に必ずすることは「スタッフ全員の名前を覚えること」と言っていました。名前を呼ばれて、嫌な気持ちになるスタッフはいません。だれもがファンになって「この人のためにがんばろう！」と思うでしょう。

名前を呼ぶことは、コミュ力に自信がない人でも、簡単に距離を縮められる秘策。

よく行く飲食店で、スタッフの名前を呼ぶだけで〝お得意様〟扱いされたり、初対面の人ともすぐに打ち解けて「また会いたい」と思ってもらえたりします。

逆に、何度か面識があるにもかかわらず、いつまでも「あの〜」なんて呼んでいたら、相手は「名前覚えられていないのかな」と、残念な気持ちになるかもしれません。

気恥ずかしいのは最初だけですぐに慣れるので、どんどん名前を呼びましょう。名前を呼んだ相手には不思議と親近感がわき、好印象をもつという効果もあるのです。

10

〝話し上手〟より〝話させ上手〟になる

相手にスポットライトを当てる人が、得をします

饒舌《じょうぜつ》で自己アピールが得意な人は、華やかな印象を与えます。

しかし、仲良くなれるかは別問題。ほとんどの人は他人の話を聞くよりも、自分の話を聞いてもらえるほうが嬉しいもの。それだけ、自分の気持ちを解放して、自分をわかってもらうことには、心の底からの〝快感〟があるからです。

会話というのは、自分の話をする〝主役〟よりも、相手にスポットライトを当てて話をさせる〝脇役〟のほうが得をする仕組みになっています。

とくに、ただ話をさせるだけではなく、相手が話したくなるテーマを見つけて振ってくれる〝話させ上手〟な人は、一緒にいてほんとうに楽しい。「面白いなー。それでどうなったの？」「そもそも、どうして挑戦しようと思ったの？」「それ、すごい

ね。うまくいくヒケツはなに?」なんて質問をして話を引き出してくれるので、話していて心地よく、これまで気づかなかった自分を知ることもできるのです。

そんな相手には当然、「この人ともっと話したい」と好意をもち、「この人のことを知りたい」と興味がわくはずです。〝話させ上手〟な人は、一見、目立たなくても、どこに行ってもいち早く打ち解けていたり、顔が広くてあちこちから声がかかったり。一目置かれて、人間関係の中心にいることも少なくありません。

私は職場や住居を転々としてきたので、どこに行っても、自分が話すよりも、相手に話してもらうことを心がけてきました。「相手がどんな性格で、なにが好きで、なにを嫌と感じるか……」を〝観察〟すると、相手の話の延長線上で、自分のことも「じつは私も」と効果的に話せるし、相手の力になることもできるのです。

たとえ相手が小学生でも、フラットな目線で相手が話したくなる話題を見つけて、わかりやすい言葉で話し、**興味をもって「なに?」「どうして?」「どんな感じ?」と質問する**。相手が楽しく話してくれたら、自分も楽しいと思う……。そんな「お先にどうぞ」のスタンスが、やわらかい関係をつくってくれるような気がするのです。

11

「小さな喜び」「小さな苦労」に共感する

共感力を磨くと、まわりのニーズを理解できるようになります

「今日、嬉しいことがあってね。ふふ……」なんて、日常のささやかな喜びを話したとき、「それはよかった!」「こちらまでワクワクしてきた」「わかる、わかる」と自分のことのように喜んでくれる人、あなたのまわりにいませんか?

そんな「共感力」のある人がいると、嬉しくて安心するもの。「この人ならわかってくれる!」とつい本音を話したり、思わずはしゃいだりしてしまうこともあります。

また、仕事、人間関係、恋愛、育児、介護など自分の身に起きた小さな苦労を、「それはたいへんだったね」「辛《つら》かったね」「よく耐えたね」なんて親身になって理解してくれる人がいるのも心強い。味方を得て報われたような気持ちになるものです。

「共感力」とは、人の気持ちや感情を思いやり、自分のことのように感じる力のこ

と。社会のなかで人と共存して、助け合うための力でもあります。

「女性同士は共感でつながる」と言われることがありますが、古来、まわりと協力して子どもを産み育てるため、互いの気持ちをわかり合う必要があったのでしょう。

現代は男女関係なく、共感力のある人がモテる時代。部下の気持ち、夫や妻の気持ち、顧客の気持ち、初対面の相手の気持ちなど、**相手の立場になって「これは嬉しいだろうな」「これは辛いだろう」と共感できる人はどこに行っても大切にされるはず。**

言葉で伝えなくても「助けを必要としている」「いまはそっとしておいてあげよう」と察して行動できるので、一緒にいると心地よく、愛されるのです。

反対に、「私に言わせれば、甘えすぎ」「そんなに嬉しい？」「もっと◯◯すればいいのに」と、自分目線だけで話す人からは、人は離れていくものです。

相手が「こんなことがあってね」と出来事を話したときに、「それは安心だね」「たいへんだったでしょう？」と相手の感情に変換してリアクションすると、共感する練習になります。相手の気持ちをわかろうとするためには多少気苦労も伴いますが、やさしさや気配りは、必ず自分にはね返ってくるのです。

12

やっぱり〝笑顔〟は最強

やわらかく接すると、やわらかく応《こた》えてくれます

どこへ行っても「顔見知り」ができる人のまわりには、いつも笑顔があるもの。笑顔でいると、理屈抜きに自分も相手もリラックスして、仲良くなれるのです。

私はカメラマンをしていたとき、よく海外の街角で、カメラを指さして子どもやお年寄りに「OK?」と笑顔で声をかけていました。すると、こわばった顔も途端にほころんで、大抵は「OK!」と、にっこり笑顔でポーズをとってくれるのです。

笑顔は万国共通の「仲良くしましょう!」「心配しないで!」というメッセージ。「感じがいい人」という印象は、丁寧な対応（行動）や、あいさつ（言語）よりも、笑顔であること（表情）のほうが大きく影響するといいます。表情というのは、群れて生きてきた人間にとって、とてもわかりやすくて重要な〝意思表示〟なのです。

私たちは生きていくために、無意識に相手に危険性があるかどうかを感知していますが、**笑顔で接すると、相手は「危険ではない」「自分を受け入れてくれている」と認知して、不安や恐れがなくなり、すぐさまリラックスモードに導いてくれる**わけです。

笑顔には計り知れない効果があります。表情が感情を生み、自分が楽しくなる「表情フィードバック仮説」、相手やまわりの人も笑顔になる「ミラー効果」、ストレスを緩和して心を整えてくれる効果、自信があって魅力的に見える効果など。だれだって、ムスッとした表情の人より、にっこり笑顔の人が好きなのです。

人間関係を大切にして、仕事やプライベートで引き立てられている人たちは、いち早く笑顔の効果に気づいて、初対面でも、顔見知りでも、家族や同僚でも、だれかと一緒にいるときにできるだけ笑顔でいようと心がけているはずです。

ただし、引きつった笑顔、バカにした薄笑い、ニヤニヤして心ここにあらずの笑い、目が笑っていないなど、気持ちが伴わない笑顔は、逆に警戒されるので気をつけて。

笑顔はお金もかからず、どれだけ与えてもなくならないギフト。笑顔が絶えない人のまわりには、あたたかい人たちが集まるという単純な法則を忘れないでください。

13

「本来、人間はあたたかいもの」と心を開く

そのままの自分で生きても、見放されることはありません

「都会は世知辛《せちがら》く、みな冷たい」「だれもが自分のことしか考えていない」など、基本的に人は冷たいものだと考えていると、人と仲良くなることも、関わり合って生きていくこともむずかしいでしょう。どこに行っても心が閉じていて猜疑心《さいぎしん》が強く、些《さ》細《さい》なことでも傷つきやすくなるはずです。

顔見知りができやすいかどうかは、そもそも人間とは冷たいものか、あたたかいものか、どちらをデフォルトにしているかの差が、大きいのではないかと思うのです。

ときどき、「世の中には悪い人がいるから、下手に声をかけてはいけない」などと言う人がいます。もちろん、自分を守るために気をつける必要はありますが、人間に「いい」「悪い」と色がついているわけではありません。それぞれがさまざまな要素を

もっていて、「善人」がひょんなことから悪に染まっていくこともあるし、「悪人」と呼ばれる人の心にもいくらかの良心はあるでしょう。

それと同様に、あたたかくも冷たくもなるのが人間ですが、私が「本来、人間はあたたかい」と確信するのは、それが生きとし生けるものの〝自然〟な姿だからです。

植物や動物がまわりから命を与えられ、まわりのために自分の命を捧げるように、人間も一人では生きていけず、だれもが「愛されたい」「愛したい」という欲求をもっています。社会の機能がシステム化されたり、個人化が進んだりするほど、人間のあたたかさは尊く、つながることを欲するようになるのではないでしょうか。

不思議なもので、「本来、人間はあたたかい」「だれもが限りある人生を懸命に生きている」と俯瞰《ふかん》してみると、あたたかい部分に目がいくようになります。それに、そう考えたほうが心は穏やかになり、生きやすいではありませんか。

「本来、人間はあたたかい」と思うと、怖がらずに心を開いて相手と接することができ、心を開いてもらえるようになります。傷つくことがあっても寛容になれ、癒やすこともできます。〝恐れ〟より〝愛〟のある選択ができるようになるのです。

14

まず声をかける。そこからなにかが始まる

人間関係でいちばん大切なのは、言葉を交わすことです

私は、レストランやコンサートでとなりの人に声をかけたり、かけられたりしたことからつき合いが始まり、人生が大転換した経験が何度もあります。声をかけなければ、なんのつながりもなく、そのまま過ぎ去っていく人たち。ですが、言葉を交わすことで、つながりが生まれ、交流が始まったり、役割ができたりしていくのです。

どこへ行っても「顔見知り」ができる人のいちばんの特徴は、自分から声をかけていること。「こんにちは」「ありがとう」「暑いですね」「(エレベーターで)何階で降りますか?」「お先にどうぞ」など、あいさつ程度の簡単な言葉でいいのです。

どんな人間関係も、言葉を交わし合うことから始まります。

長くつき合っている友人や恋人、馴染《なじ》みのお店でも、元をたどると、どこかで言葉

を交わしたことがきっかけになっているはずです。

高校生になったとき、勇気を出してとなりの席の子に「消しゴム、持ってる？」と尋ねたこと、初めて行ったパーティで話しかけやすそうな人に「お一人ですか？」と声をかけたこと、近所のカフェで店主に「チーズケーキがむちゃくちゃ美味《おい》しかったです！」と感動を伝えたことなど、〝最初のひと言〟があったはずなのです。

「声をかける」というのは、人間関係の畑に種を蒔《ま》くようなもの。

なかには、声をかけた相手が無反応だったり、途中で縁が切れたりすることもあります。そんな芽が出ない種があるのも織り込み済みで、まずは種を蒔かなければ、花が咲くこともないのです。

いつどこで新しい人間関係が始まり、どう展開していくか予測できないのが人間関係の面白さであり、楽しさ。それは、人生の面白さと同じ意味をもちます。

普段から「言葉を交わすこと」を意識してみましょう。

そして、これからどんな花が咲くのか、わくわくしながら楽しもうではありませんか。

第2章

内気な人でも大丈夫。「話しかける」コツ

01

「話しかけられる人」ではなく「話しかける人」になる

自分から話しかける人は、人生が何十倍も充実します

あなたは、自分から積極的に話しかけるタイプですか?

それとも、話しかけられるのを待っているタイプでしょうか?

私はもともと後者で、話しかけるのが苦手。とくに初めての場所で知らない人ばかりの場面、または知っている人でも用事がない場面などでは、話したいのに話しかける勇気がなくて、「頼むから、だれか私に話しかけてくれー」と祈っていたものです。

話しかけてもらうと嬉しくて、怒濤《どとう》の勢いで話し始めていたのは、「人前で緊張する」「自分に自信がない」というより、「話しかけて拒絶されるのが怖かった」のです。〝大人の人見知り〟といっていいかもしれません。

私がそれを克服できたのは、やはり〝慣れ〟。話しかけるのに慣れたのと、ごくた

まにある冷たい反応にも慣れたから。「まぁ、そういう人もいるだろう」と。**話しかけるようになって実感するのは、「話しかけられる」のを待っていたときよりも何十倍も人との出逢いが増えて、何十倍も人生が楽しく、充実したものになるということ。**自分自身で、自分の行動を選び、つき合う人を選び、より多くの情報やサポートを得られる。人生が大転換するチャンスが得られたのも自分から声をかけたから。

だれもが程度の差こそあれ、防衛本能の一種である人見知りの一面をもっています。話しかけてもらうほうが嬉しいし、慣れない場所では、救われた気分にもなる。その分、話しかける人は少しの勇気だけで、ずっと愛されるし、大切にもされるのです。

「話しかけるのは苦手」「私も大人の人見知りかも」と感じている人は、「人見知りはよくない」と思うのではなく、「人見知りでも自分から声をかける方法」を探してみませんか？

第2章では、内気な人、人見知りの人でも「話しかける人」になれるコツをお伝えします。小さな声かけでも、大きな一歩。なにかが変わる可能性を秘めています。声かけに少しずつ慣れていくことで、自信がついていくことも実感するでしょう。

02

まずは見たまま、感じたままを口にしよう

ひと言発するだけで、相手との〝境界線〟が取り払われます

ゴミ出しに行ったとき、同じマンションの住人らしき女性が、「あ、金木犀《きんもくせい》の香り……」

と、ひとり言のような、知っている人に言うようなさりげなさで、つぶやいたことがありました。「ほんといい香り。どこに木があるんだろう」と私もつぶやくと、「ほら、あそこよ。もうそんな季節なのね」「この甘い香りで秋を感じますね」と笑い合って、ときどき声をかけ合う顔見知りに。

一緒になにかを感じて体験することは、一気に心を近づけてくれるでしょう。

わざわざ話題を考えるのではなく、その場でその瞬間「見たまま、感じたままを口にする」だけで、気負わずに話しかけられるのです。たとえば「きれいな夕日！」

「今日は蒸しますね」「鳥の鳴き声が聴こえませんか?」「ぽかぽかして気持ちいいですね」と五感で感じたことを口にするのです。まるで前から顔見知りだったようにさらりと。

いきなり「私はこのマンションに住んでいまして……」とか「お仕事はなにをされているんですか?」などと、野暮な自己紹介をするよりも自然に会話が始まります。

パーティや居酒屋などで同席しているときは、「その料理、美味しそうですね」「カレーの匂いが漂ってきませんか?」「このパスタ、温かいかと思ったら冷たかった」と食の話題に事欠きません。目や耳に入ってくるものから「あそこに掛かっている絵、面白くないですか?」「このソファー、フカフカで座り心地がいいですよね」「あ、この曲、すごい好き」など、なにげないひと言で人柄を伝えることができます。

相手に対して感じたひと言、たとえば「素敵なお帽子ですね」「これからジョギングですか?」「荷物が重そうですね。持ちましょうか」なども乗ってくる確率大。

まずは、最初の言葉を発することが大事。 ひと言でも相手が受け取ってくれれば、相手と自分の〝境界線〟が取り払われます。互いにふっと肩の力が抜けて安心感が生まれ、つぎの言葉も出てきやすくなるのです。

03

〝第三のこと〟を話題にする「三角話法」

第一声は「どこから来たの？」より「お手洗いはどこ？」

あるバンドの大阪でのコンサートに一人で行ったときのこと。右どなりは40代くらい、左は20代の金髪でギャルっぽい格好をした女性で、それぞれ一人で来ているよう。右側の人に話しかけようかなと思っていたら、その女性が私のほうを向いて……、「お手洗いって、どこにあるか知ってます？」

「私、初めてでなんでわからないんですよ」とキョロキョロしていると、左のギャルが「右手の入り口の近くにありました。いまのうちに行ったほうがいいかも」と親切に教えてくれたのです。そこから「もしかして昨日も来た？」「はい。一応、全公演」「ぎゃー、いろいろ教えて！」と意気投合。九州、四国、北海道から来て年齢もバラバラな3人は、まるで最初から知り合いだったようにコンサートを楽しんだのでした。

なにかの目的でそこにいて、通りすがりに近い相手に、いきなり「どこから来たの?」「おいくつ?」などと相手の情報を聞くと、昨今は不審者扱いされることも。「なんで聞くの?」と言いたくなる、意図のわからない質問は警戒されるのです。

そんなとき、**「お手洗いはどこ?」「このビルに自販機はある?」「このセミナーは何時まで?」「遠くの貼り紙、なんて書いてあります?」**など、自分でも相手でもない〝第三のこと〟を話題にすると、質問の意図も明確。しかも「困っているから、どうにかしてあげなきゃ」と、ほぼ100%の確率で応えてくれます。

それらを話しかける口実にしてもいいではありませんか。話しかけたいときは、わざとらしくない程度に「ちょっと聞いてみたいことないかな?」と考えるのです。

少しでも話すと、「先ほどは、ありがとうございました。私、この会に参加するの初めてなんですよ」「じつは、私もです」なんて、互いのことも話しやすくなります。

自分でも相手でもない〝第三のこと〟を話題にする「三角話法」は、私もよく使う手。これをやると、世の中の人はなんとあたたかいのだろうと思えてくるのです。

04

〝犬〟〝赤ちゃん〟〝趣味〟は、だれもが笑顔になれる話題

「かわいいですね」で、自然に声をかけることができます

私は、お店や散歩の途中など、〝犬〟か〝赤ちゃん〟を連れている人がいたら、ほぼ声をかけます。なぜなら、話しかけやすく、にっこり微笑《ほほえ》んで応えてくれるから。

先日もマンションのロビーで「きれいなワンちゃんですね。いま何歳ですか？」と声をかけた瞬間、その犬が盲導犬であることに気づきました。「3歳なんですよ」「まあ、若い。それに、賢い。まったく動じないもの」「そうなんです。あ、エレベーターのボタン、押してもらっていいですか？」「もちろん」……と会話が続き、顔見知りに。見かけるたびに私のほうから声をかけて、スモールトークをしています。

犬を飼っている人同士、ママ・パパ同士は仲良くなりやすいものですが、自分には犬も赤ちゃんもいなくても、言葉を交わし合うだけで、ほっこりした気分になります。

「ワンちゃん、なんていう種類ですか？」「トイプードルって人懐っこいですよね」「男の子？　女の子？」「赤ちゃん、何カ月ですか？」「まぁ、お目々が大きい。元気に育ってね」などと話しかけるほうも目尻が下がってきます。

ただし、赤ちゃんを連れたママや、犬を散歩させている女性や子どもに、男性が話しかけると、世の中にはいろんな人がいるので、冷たい反応をされることもあるかもしれません。男性の場合は無理をせず、釣りをしている人に「なにが釣れますか？」、一眼レフのカメラで風景を撮影している人に「そのカメラだときれいに撮れそうですね」、スポーツグッズを身につけている人に「もしかして◯◯のファンですか？」など、趣味が似ていそうな人に軽く話しかけてみてはいかがでしょう。

自分が愛するものに興味をもってくれるのは、だれでも嬉しいもの。会話が1、2往復で終わることもあれば、なかには饒舌に説明してくれる人もいます。

これらも前項で書いた「三角話法」。趣味でも芸能人でもYouTubeの動画でも、相手が好きな〝第三のこと〟をきっかけに打ち解け、「見知らぬ人」でなくなるから、場が和らぐのです。

05

「答えやすい質問」は自分も相手もラクになる

「歴史小説がお好きなんですか？」↓「いちばん好きな作家は？」

相手と会話が弾むかどうかは、「いい質問」次第といっても過言ではありません。「いい質問」とは相手が答えやすい、または答えたくなる質問。会話はキャッチボール。取りやすいボールを投げて、ラリーを楽しく続けることが大切なのです。

あいさつや当たり障りのない話から入って、いい感触なら相手自身についても質問してみるといいでしょう。

よくない例は、相手のことを知りたいからといって「お仕事は？」「ご出身は？」「ご趣味は？」と矢継ぎ早に質問すること。一方的に尋問されている印象になります。

また、「お仕事はどうですか」など、ざっくりした質問も答えにくいものです。

相手が迷わずに答えられる質問をするために、「クローズドクエスチョン」「オープンクエスチョン」の性質を知って使い分けると、質問の質がぐっと上がります。

「クローズドクエスチョン」は、「夏休みはとりました?」→「はい」や、「犬と猫、どちらが好き?」→「猫です」などYESかNO、または選択で回答する質問。初対面でも素早く簡単に答えられるものの、想定外の回答は得られず、深掘りもできません。

「オープンクエスチョン」は「旅行はどこに行かれます?」「どうやってチケットを手に入れました?」など相手が自由に答える質問。おもに「5W1H」=「when(いつ)、where(どこで)、who(だれ)、what(なに)、why(なぜ)、how(どんな)」で聞き、話を展開、深掘りしやすいものの、質問によっては答えにくいことも。

会話の糸口をつかむには「クローズドクエスチョン→オープンクエスチョン」の流れがスムーズ。たとえば「本をお持ちですけど、読書がお好きなんですか」から始めて、「どんなジャンルの本?」「好きな作家は?」「どんな魅力?」など展開できるはず。相手の答えを受けて「それはいいですね」「面白そう」「素敵」など感想を加えるのも忘れずに。相手が話し上手ならオープンクエスチョン、話し下手ならクローズドクエスチョンを多めにするなど、相手の性格に合わせて使い分けるのも有効です。

06

声かけの「基本型」をもつ

「おつかれさまです。これからお昼の休憩ですか？」

ときどき見かける人、職場やサークルで会う人などに対しては、会うたびに「なにを話そう」と考えるのではなく、「基本型」を決めておくとラク。いざとなったときに焦《あせ》らず、スムーズに言葉が出てきたり、流れが生まれたりします。

その基本型とは、第1章でも書いた通り、「あいさつ＋ひと言」。たとえば……、

「おはようございます。だんだん涼しくなってきましたね」
「おつかれさまです。これからお昼の休憩ですか？」
「こんばんは。今日は満月みたいですよ」

など、なんでもいいのです。

最後の語尾を「〜ですね」（同調）、「〜ですか？」（質問）、「〜ですよ」（伝達）など

にして、相手に問いかけるように言うと、相手も話に乗っかりやすい。話し好きな人なら「ほんと、昨夜は寒くて掛け布団を出しましたよ」「はい。近くのカフェに行ってきます」「満月、見えるんですか？」というように話が続いていきます。

「〜です」「〜でした」で終わると、話し下手な人はリアクションに困るでしょう。

話の中身はなくても、ともかく自分から話しかけて、「時間は短く、回数は多く」することが大事。声をかけられるだけで相手は嬉しいのですから。

「単純接触効果」という心理学用語があります。繰り返し見たり、会ったり、接触する回数が増えるほど、警戒心が薄れていき、親しみや好感をもつという効果。「あいさつ＋ひと言」を繰り返していると、リラックスしてふと話が弾むことがあるのです。

注意点は、けっして無理をしないこと。気分が乗らないのに話そうとすると互いにストレス。話しにくい相手には、あいさつだけにとどめ、リアクションが薄い相手は、ひと言二言で終了……と最小限のエネルギーで。ボクシングで軽いジャブを打ちながら距離をとるように、短い会話を繰り返していくと、打ち込める場面も出てくるのです。

少し話してまた今度……と気楽に、長期戦で構えたほうがうまくいくはずです。

07
〝共感〟できることを探せば、話題に事欠かない

「朝、布団から出るのが辛い季節になりましたね」


スポーツジムに行くと、女性たちは〝共感〟で雑談をつくっていると感じます。

「これだけ雨が続くと、洗濯物がなかなか乾かないですよね」

「行くのが面倒だと思うんですけど、来たら来たで楽しくて」

「今日のホットヨガ、いつもより温度が低かったと思いません？」

というように。「自分が感じていて、きっと相手も感じているであろう」ということを会話の入り口や、話のつなぎにするのです。

互いに名前も年齢も知らないけれど、会えば気さくに話す「顔見知り」になっているのは、こうした〝共感〟によるコミュニケーションを重ねているからでしょう。

もし、その場に雑談が一切なかったら、「見知らぬ人」と認識された者同士、殺伐《さつばつ》

として心地悪い空間になってしまうでしょう。ほんの少し会話をするだけで、場は和らぐのです。とくに〝共感〟は人と人を結びつける鍵。一気に親しみがわいて、「見知らぬ人」から「顔見知り」に昇格するのです。

どんな人でも、なにかしら共感することはあるはずです。簡単なことでいえば、「体を動かすと気持ちいいですよね」「白髪をいつまで染めようか悩みどころです」など、健康や美容のこと。家事、育児、仕事、地域……共通項から見えてくるはず。

じつは、我が身に起こる「喜・楽」より「怒・哀」の共感のほうが、心に響くといいます。「問い合わせ電話の長い自動応答ってイラッとしません？」「お会計のあとにいつも、クーポン券が出てくるんですよね」など、深刻にならない程度の「怒・哀」には、心のうちを見せてくれた〝小さなぶっちゃけ感〟があるからかもしれません。

女性は〝共感〟、男性は〝目的〟によって人間関係を築くといいますが、共感力の高い男性は間違いなくモテます。共感できない場面でも「そう感じるんですね」と〝理解〟しようとする姿勢が見えたら、それでコミュニケーションは成立。性別や年齢、立場を超えて共感を見つける人のまわりには、自然に顔見知りが増えていくのです。

08

〝ちょっとした変化〟に気づいたらチャンス

「髪、切りました？」
「いつもより早いですね」

先日、スターバックスに数カ月ぶりに行ったら、スタッフの女性が「お久しぶりですよね。髪、切られました？」と声をかけてくれました。それまで「感じのいい女性がいるな」という程度の認識でしたが、覚えていてくれたことに感動して、「わかりました？　10センチくらい切ってさっぱりしました！」と喜びがだだ漏れ。

それ以来、ときどき訪ねて会話をする「顔見知り」になれました。

「髪、切りました？」のひと言は、「あなたに関心があります」という気持ちの表れ。とくに女性にとって髪を切ったときは、「評判はどうなのかな」と気になるもの。

私はロングから20センチほどバッサリ切ってショートにしたとき、職場でだれにも反応してもらえずに、寂しく心地悪い思いをしたことがありました。いま思えば、忙しくて他人に関心をもつ余裕がない職場で、人間関係も築けていなかったのでしょう。

昨今は、立場の上の男性が女性に「髪、切った？」と言うのは、セクハラに当たるのでは、と心配されている方もいるようです。が、男性にも言うことですし、単なる事実なので、これだけではセクハラに当たりません。

「髪、切った？」のあとの、「色っぽくていいね」とか「失恋でもしたか？」など〝性〟を感じさせる発言がいけないのです。大抵は自覚がないので、もし言われたら「部長、その発言はいまの時代、アウトですよ」と相手のためにも教えてあげましょう。

変化に気づくのは、話しかけるチャンス。 サークル、久しぶりに集まる飲み会などでも、「髪、切りました？」をきっかけに話が弾むことがあります。「メガネ、変えました？」「今日はいちだんとおしゃれ！」「焼けました？」「新しいスマホですか？」など変化はいくらでもあります。

相手の変化に気づくには、相手を観察すること。といっても、始終じっと見ていては怖がられます。まわりを眺めて「この人のこんな部分は素敵だな」「ヘアスタイルがかっこいいな」といい面を見ようとするだけで、変化にも気づきやすくなるはずです。

09

「もしかして〜」は有能な会話の入り口

「もしかして、先週もここに来てました？」

「もしかして、前に会ったことがありますか？」

コンサートでとなりの席のご婦人に、そう声をかけられたのがきっかけで意気投合。すぐに家を行ったり来たりするようになった親友がいます。

また、あるときは、私のほうから、セミナーに来てくれた女性に「もしかして、秘書の仕事とかってできますか？」と声をかけて、その場でスカウト。ほんの二言三言、話しただけなのに、なぜか〝ビビッ〟とくる出逢いがあるものです。

「もしかして」「もしかしたら」「ひょっとして」は、確信のないことを仮定するときに用いる言葉。「違うかもしれないけど……」と、**可能性が低いときにも使えるため、声をかける幅が広がって質問しやすくなります。**

たとえば、前項の「髪、切りました?」も、「もしかして、髪、切りました?」にすると、「いえ、切ってないですよ」と言われても、「ですよね。どうしてだろう。なんとなく雰囲気が変わったような気がして」と、どちらに転んでもOK。

会話の糸口に「もしかして、ティッシュ持ってます?」「もしかして、明日はお休みですか?」「ひょっとして、映画とか好きな人ですか?」「もしかして、パソコン詳しいですか?」「もしかして、先週もここに来てました?」「ひょっとして、関西の方ですか?」など、なんでもあり。かぎりなく可能性が低いことでもいいのです。

職場などでまわりを観察して、「もしかしたら、疲れてませんか?」「もしかして、困ってません?」「ひょっとして、ハサミ探してます?」「ひょっとして、お茶する時間、ありますか?」「ひょっとしたら、この本が役立つかも」など、相手の気持ちを想像して、ざっくばらんに言ってみるのもあり。

ただし、「もしかして」を使いすぎると、鬱陶《うっとう》しくなるので、ほどほどに。

「どんぴしゃ!」という場面で使うと、「自分のことを理解してくれている」と好感度がアップ。当たらなくても「気にかけてくれている」と好印象にはなるでしょう。

10 〝小さな頼みごと〟をして、お礼を言う

「もしよろしかったら、写真、撮ってもらえますか？」

「もしよろしかったら、そこのドアを開けてもらえますか？」

ダンボール箱を持って両手がふさがっていたとき、ちょうど同じ階に住む若い男性が通りかかったのです。

「はいはい。重たそうですね。荷物、運びますよ」と家の前まで運んでくれて、私も「ありがとうございます。親切なご近所さんでよかった」とダンボールのなかからみかんをお裾分け。男性は「ええぇ？　いいんですか？」と喜んでくれて、それ以来会うと「これからお仕事？　行ってらっしゃい」などと会話をする「顔見知り」に。

基本的に人は、だれかになにかをしてもらうのが嬉しいもの。でも、**じつは、頼ってもらうことはもっと嬉しい**。自分がしたことで相手が喜んで、「ありがとう！」と

感謝してくれると、誇らしくいい気分にもなります。そして、相手に好感をもちます。人間には「気持ちと行動を一致させよう」とする心理があります。「相手のために行動したのは、好感をもっているからだ」と感情が変化するのです。

だから、「こんなことを頼んだら迷惑なんじゃないか？」と考えてしまう気の小さい私も、〝小さな頼みごと〟はどんどんするようにしています。おまけで「顔見知り」になれれば、さらによし。

小さな頼みごとは、さまざまな場面であるものです。顔だけは知っている程度の相手でも「それ、取ってもらえますか？」「その新聞、ちょっと見せてもらえます？」「写真、撮ってもらえますか？」「○○を手伝ってもらえます？」「△△について教えて」「□□をつき合って」「私も加えて」「話を聞かせて」などなど。

頭に「もしよろしかったら」をつけると、感じのいい頼み方になると同時に「断っても大丈夫ですよ」というニュアンスになり、相手と自分の気持ちを軽くします。

頼ったり頼られたりで、人は〝信頼〟関係を築いていくもの。自分のためにも、相手のためにも、どんどん声をかけて、どんどん頼ってください。

11

一見地味な〝壁の花〟を束ねる

「自分からは話さない人」に話しかけると、うまくいきます

異業種交流会やパーティなどに行くと、つい気後れして〝壁の花〟になってしまう人はいませんか？

いわゆる〝花形グループ〟がわいわいしている輪のなかに入れず、壁際《ぎわ》で心細げに立っている状態になったら、自分以外の〝壁の花〟に声をかけて束ねていきましょう。

となりの人に「こういう場所、緊張しますよね」などと声をかけると、「ほんと。知り合いがいなくて困っていました」なんて返ってきます。二人で軽く自己紹介したり、雑談したりしていると、ほかの一人でポツンとしている人も気になり、「ご一緒しません？」なんて招き入れる……。いつの間にか〝壁の花〟が集まって盛り上がり、〝花形グループ〟も「楽しそうですね」と引き寄せられてくることがあります。

一見地味で、自分からは話しかけられないタイプにアプローチするほうが、相手も喜んでくれて成功率は高い。しかも落ち着いて話せる。華やかで自己主張の強そうなタイプは「いいな」と思っても自分からは話しかけにくく、競争率も高いのです。

どんな場面でも「話しかけやすい人」「話しかけにくい人」がいるのは事実。道を尋ねるときも見るからに怖そうな人、挙動不審な人、忙しそうな人は避け、やさしく穏やかそうな人や真面目そうな人を選んで尋ねるはずです。

また、自分に似た属性の人は、親近感があって話しやすいもの。たとえば、私は中高年の女性がいちばん話しやすく、ついで中高年男性、若い女性、若い男性の順でしたが、最近は若い男性を見ると「息子」「孫」への目線になって声をかけるように。

先日は、家具の配達でやってきたやんちゃそうな若者と、世間話からなぜか恋愛相談になり、30分ほど立ち話。話せば「いい子じゃない！」となることも多いのです。

歳の離れた人、タイプが違う人など話しにくそうな人こそ、話したときのギャップが面白く、喜びもあります。話しやすそうな人から声をかけつつも、「話しにくそうなあの人も、話してみなければわからない」という気持ちはもっていたいものです。

12

相手に動きがあったら、横か斜め前から話しかける

安心感を与える、声をかけやすい位置とタイミング

アパレルショップの店員さんは、横か斜め前から話しかけてくるものです。真正面から「今日はなにかお探しですか？」などと向かってこられると、圧がかかって緊張しやすく、後ろからだと姿が見えないので、ビクリと恐怖を感じるのです。

ベテランの店員さんは、話しかけるタイミングも絶妙。まわりを観察していて、キョロキョロしている人がいると、ササッと行って笑顔で「なにかお困りでしょうか？」と声をかけます。「欲しいけど、ちょっと考えてみます」などと言うと、「いつでも声をかけてくださいね」と、ササッと下がります。

声かけ接客のプロは、相手が抵抗感がないよう細心の注意を払うのです。

「打ち解ける」とは、緊張感のない、リラックスした状態をつくること。とくに初対

面の人に声をかけて話すときは、正面ではなく、横か斜め前など視線が合わない状態のほうが安心感があることは、だれもが実感しているでしょう。

また、職場や趣味のサークル、交流会など人がごちゃごちゃといる場では、相手を観察して「いま話しかけてもいいかな？」とタイミングをはかることも必要。間の悪い人はいるもので、人がバタバタとしているときや、帰り際に話しかけると、せっかくのチャンスを生かせないのです。

相手が近づいてきたとき、そばを通ったとき、席を立ったときなど、相手に動きがあったときが狙い目。自分が動いているときに「椅子の後ろ、通りますね」とか「あ、ごあいさつしてないですよね」とか「初めてですよね？」と、さりげなく声をかけるのもあり。だれかとの会話が終わったり、なにかの作業が一段落したタイミングも。

つまり、なにか動きの変化があるときは、じっとしているときより声をかけやすいのです。ただし、相手が一人で手持ち無沙汰《ぶさた》にしていたら、救済の意味でも声をかけてあげましょう。話しかける位置とタイミングがわかると、これまでよりずっとハードルが下がるのではないでしょうか。

13

頼もしい〝世話好きおばちゃん〟に話しかける

人と人をつなぐ、ハブ的な役割を担ってくれます

旅行添乗員である友人の女性は、お客の若い男性にこう諭すことがあるといいます。

「あなたたちは旅行中、若い女子と仲良くしようと考えているかもしれないけど、まず、おばちゃんと仲良くなりなさい。直接、女子に話しかけても警戒されるだけ。親しくなったおばちゃんから女子に声をかけてもらったほうが、ずっと仲良くなれるから」

なるほど、と膝を打ったのです。たしかに、見ず知らずの男性が声をかけて、うまくいかない場合、旅行も気まずくなる。その点、おばちゃんが間に立つと、「○○くんはいい子よ〜」と紹介してくれたり、会話もおばちゃんがクッション材になって和やかにできるはず。

「まず、おばちゃんに声をかけて、信頼を得る」は、あらゆる場において有効かもし

れません。人と人をつなぐハブ的な役割になり、そこから人脈が生まれることも少なくないのです。「直接声をかける」のは躊躇《ためら》われたり、拒絶されたりすることも、「人を通して声をかけてもらう」ことで安心感があり、うまくいきやすくなります。

おばちゃんとは、なにかと世話を焼きたい生き物。困っている人がいると「助けたい」、がんばっている人がいると「応援したい」、寂しそうな人がいると「寄り添ってあげたい」と、少なからず思っています。

第5章で詳しく書きますが、**どんな年代でも〝助けてもらい上手〟な人は、中高年の世話好きのおばちゃん、またはおじちゃんを味方にしていることが多いものです。**

老いも若きも、まわりにおばちゃんがいたら、どんどん声をかけて仲良くしましょう。おそらく成功率は100％に近い。喜んで世話を焼いてくれる可能性も大。

また、自分が「おばちゃん」の年齢だという人は、「飴ちゃん、いる？」と声をかける大阪タイプをイメージして、まわりを見て図々しく話しかけましょう。

おばちゃんは個人化していく現代社会を救済するキーパーソンになると、ひそかに私は考えているのです。

14

ちょっとしたお菓子で〝気持ち〟をあげる

まわりにも「おひとつ、いかがですか？」と声をかけましょう

私は、飴ちゃんを差し出す大阪のおばちゃんに憧れて、ときどき、近所の公園でイガグリ頭の中学生や、新幹線でとなりに座った人に飴を差し出していたのですが、昨今は、知らない人に食べ物をもらうことに戸惑いを感じる人もいると実感しています。

しかし、なにかの会合や、趣味のサークル、職場や馴染みの店などで、面識のある相手なら、たとえ話したことがなくても、案外、すんなり受け取ってもらえるのです。

わざわざ買ってきて配るのではなく、自分が飴やチョコなどを食べるついでに、横にいる人や、視界に入った人に「おひとつ、いかがですか？」と、声をかける。

「はい、どうぞ」より、「いかがですか？」と聞いて、相手に選択してもらうのがポイント。なかには、好きではない人もいるでしょうから。

飴をあげること自体にはそれほど意味はありません。少しだけ喜んでもらって「仲良くしましょうね」という気持ちを、気軽な感覚で伝え合うことに意味があるのです。「いかがですか？」「ありがとう」「どういたしまして」というやりとりをすることで、ほっこりした気分になり、そのあとの会話も続きやすくなります。

先日、趣味のサークルで、旅行のお土産《みやげ》を配ったことがありました。お菓子の箱を置いて「ご自由にお持ちください」と放置するのではなく、一人ずつ「〇〇のお土産です」と手渡しすると、「このお菓子、美味しいよね」なんて、自然と会話が生まれるのです。

そして、何人かから「先週のお返し」と、お菓子をいただきました。単にお菓子を交換しているだけでなく、〝やさしさ〟のやりとりをしていると感じます。

ちょっとしたお菓子は、とても使い勝手のいいコミュニケーションツール。男性でも、自分が食べるときに、まわりにも「おひとつ、いかがですか？」と声をかける人は、育ちのよさや品性を感じさせます。まわりから、かわいがられたり、慕われたりすることは間違いありません。

15

〝心配〟の気持ちから話しかける

「どうかされました？」のひと言で、やさしい空気に包まれます

「どうかされました？」

まわりの人の異変に気づいたとき、心配してそう声をかけることがあります。

だれかがしきりにキョロキョロしているとき、バタバタと慌てているとき、ゴソゴソとなにかを探しているとき、なぜかポカンとして動きが止まっているときなど、「どうかされました？」は、話しかけるきっかけになります。

それほど大したことではないとわかっていても、心配する気持ちを伝えることで、あたたかい空気に包まれます。なにか手助けできることがあるかもしれませんし。

「大丈夫？」も、思いやりの言葉の代表格。「顔色がよくなさそうだけど、大丈夫？」「この前の◯◯は大丈夫でした？」「終電の時間、大丈夫ですか？」というように。

相手は「そんなことまで心配してくれて、ありがとう！」という気持ちになるもの。こちらが困っているときは心配してくれる空気も生まれてきます。

ただ、**「大丈夫？」という声かけは、いま現在、ピンチのときは、別の言葉に言い換えたほうがいいかもしれません。**

たとえば、だれかが熱があってしんどそうにしているとき、仕事仲間が一人で仕事や家事を抱え込んで困っているとき、車椅子の人が進みにくそうにしているときなど、「大丈夫ですか？」と聞くと、相手はつい「大丈夫です」と答えてしまうものです。

「大丈夫……じゃなさそうですね」「なにをしましょう」「お手伝いできることはありますか？」などは、手伝う気満々の意思が伝わるので、「じゃあ、お願いしてもいいですか」と頼みやすくなるのです。

近くにいる人が水をこぼしたり、いきなり転んだり、重たい荷物を運びづらそうにしていたら、「手伝います」「やりますよ」とさっと手を貸してあげてください。逆に、そんなときの見て見ぬふりは、気まずいもの。困っている人がいたら、いち早く救ってあげるヒーロー、ヒロインになったつもりで声をかけようではありませんか。

16

相手の鈍い反応、冷たい反応に〝慣れる〟

小さな善意が芽生えたら、基本、「行動する」一択です

コンビニの自動精算、スーパーのセルフレジなどが増えて、レジの前で操作の仕方がわからずに戸惑っている人をたまに見かけます。

ある友人が「こうすればいいんですよ」と助け舟を出したところ、まさかの無反応。「余計なことをしたのか」と後悔してしまったとか。

ほかにも、電車で席をゆずろうとしたとき、重い荷物を持ってあげようとしたときなどにも、冷たく「結構です」と断られたり、服にゴミがついているのを指摘して、嫌な顔をされたりするのも、ありがちな光景です。

せっかく善意で声をかけても、「余計なお世話」という対応をされると、気持ちが萎《な》えて、「もう二度と声をかけないでおこう」と思う人もいるでしょう。

しかし、相手の対応は、相手の問題なのです。そんな人たちは「困っている人がいたら、声をかける・声をかけられる」という習慣がないため、戸惑っているのかもしれません。また、たまたま機嫌が悪かったり、遠慮や照れもあったり。人と関わりたくないという昨今の風潮もあるのかもしれません。が、相手の事情にあまりとらわれないことです。

私たちは「どんな自分でありたいか」を基準に、シンプルに行動すればいいのです。スルーするのは簡単ですが、やはり、見て見ぬフリをしない自分でいたいもの。5割は想定通りにいかないと織り込み済みで、「困っている人がいたら、ひとまず声をかける」を基本スタンスにしませんか。声をかけるのも〝慣れ〟ですが、冷たい反応をされるのも〝慣れ〟。冷たい表情に、一瞬、グサリときても、「なるほど。そうなりますか」「人のやさしさに慣れていないのね」と他人事《ひとごと》として片づけましょう。

「困っている人がいたら、声をかける」を習慣にしていると、自分も人の善意に触れて、お世話になる機会が増えてきます。だれかから受けた恩を、だれかに送る〝恩送り〟のなかで生きているのを実感するのです。

17

見知らぬ相手こそ、警戒させないマナーが大事

「まわりから自分はどう見えているのか」をわかっておきましょう

信号で横断歩道を渡りきれず、立ち往生している高齢の女性を助けようとしたら、一瞬、怪訝《けげん》な顔をされたという男性がいました。男性がすぐさまにっこり笑顔になって、バイバイをするように両手を振りながら低姿勢で、「すみませ～ん」とやさしく言いながら近づくと、高齢女性はパッと表情が和らいだとか。

見知らぬ人から声をかけられるだけで、多くの人は警戒心をもつもの。とくに厳《いか》つい格好や、奇抜な格好をした人なら、なおさら警戒心を強めるかもしれません。

そもそも人の表情は、普通にしていても、大抵は口角が下がって目がうつむきがちで、「不機嫌そう」に見えるものです。本人はまったく怒っていないのに。

だから、そのまま声をかけて、相手が怪訝な顔をするのは、当然のことなのです。

顔見知りになれば、心のバリアが解かれているので、そんな警戒心はもちませんが、相手が〝見知らぬ人〟であれば、「まわりから自分はどう見えているのか」ということをわかっておくことが大事。声をかけるときは、表情や態度など総力戦で「大丈夫。怪しいものではありませんよ」というメッセージを送る必要があるのです。

まず、どんなファッションであれ、清潔感が必須。全身黒色、派手なアクセサリーなど威圧感のあるものは人を遠ざけると認識しておいたほうがいいでしょう。

表情は、口角を上げ、目尻を下げて笑顔になるだけで、やわらかな印象になります。

また、片手でも両手でも手のひらを顔や胸のあたりで相手に向けると、心を開いているというアピールに。「手の内を見せる」というように、手のひらを見せることは、安心感を与える効果があるのです。逆に手を組んでいると、心が閉じている印象です。

どんな相手にも目線を同じにすること。子どもやお年寄りには腰をかがめて顔を同じ位置にもっていくと、かける声も少し高めのやさしいトーンになるはずです。

困っている人を助けるとき、道を尋ねるとき、たまたま同席した人にあいさつするときなど、フレンドリーさを一段階アップしてはいかがでしょう。

18 練習のつもりで、お店の人にどんどん話しかける

「いい質問」をすれば、〝馴染みの店〟もつくれます

気軽に話しかけるコツを身につけるには、場数を踏んで慣れることがいちばん。

ただ、毎日の生活のなかでは、それほど多くの人には出逢わないものです。

もっとも効果的な練習となるのは、お店の人に話しかけることです。

なぜなら、お店の人たちは、お客に対しては快く応じてくれるもの。とくに、接客業の人は、もともと人当たりがよく、話し好きが多い。年齢が離れていても、プライベートではまったくつき合うことのないタイプでも、話せるチャンスなのです。

話しかけるコツは、「プロフェッショナルならではの答えやすい質問」をすること。商品の品質やこだわり、扱い方などを聞くのもありですが、私がよくやる手は「おすすめ」を聞くこと。たとえば、アパレルショップで「ワンピースが欲しいんです

けど、おすすめってありますか？」、飲食店で「今日はがっつり肉を食べたい気分です。おすすめは？」、ヘアサロンでは「私におすすめのヘアスタイルは？」という具合。プロの名誉にかけてあれこれアドバイスしてくれ、こちらもリスペクトを示せば、いい商品やサービスに出合えるので、話は弾みます。「話すと意外にいい人だった！」という〝成功体験〟が増えると、話しかけるハードルがだんだん下がってくるのです。

スタッフと仲良くなれれば、〝馴染みの店〟になる可能性もあります。

〝馴染みの店〟とは、互いに顔見知りで、よく通う店。飲食店なら一人で行っても「お久しぶりですね」と迎えてくれたり、そこで出逢いがあったり、つながりが広がったり深まったりする場所になることもあります。

馴染みの店をつくるコツは、数回、間を空けずに通って顔を覚えてもらうこと。2、3回目で「先週来たとき、つぎはこれを食べようと決めてました」など、リピーターであることを印象づけること。できれば同じ曜日の同じ時間帯に行くこと。忙しい時間帯を避けて、店主やスタッフと話すこと。会話のなかで名前を呼ぶことでしょうか。

店主やスタッフと話すようにすることで、つながりが広がっていくはずです。

19

年上には〝聞きたがり〟、年下には〝ほめたがり〟になる

「ちょっと聞いてもいいですか?」「前から思ってたんだけど……」

職場やサークルのメンバー、馴染みの店の常連であっても、同世代なら話しやすいけれど、年上、年下の人はつい避けてしまう状況が生まれがちです。互いに話しかけないのは、「話が合わなくて楽しくないのでは?」「ダメなやつだと思われるのでは?」といった先入観があるからでしょう。

しかし、世代の違う顔見知りは貴重な存在。話してみると「そんなこと、知らなかった!」という興味深い情報を聞けて、単純に楽しい。なにかとお世話になったり、こちらが助けたりして、世代が違う者同士、凹凸《おうとつ》が噛《か》み合う関係でもあるのです。

年上でも、年下でも、話しかけるコツは、「相手に興味をもつこと」に尽きます。

「この人、どんな人なんだろう」と漫画のキャラクターを見るように観察してみる

と、「なんでこんなに物知りなの？」「なんでこんなに顔が広いの？」「なんでこんなに笑いのセンスがあるの？」「なんでこんなに気が利くの？」と疑問がわいてくるはず。そんな疑問をベースに声をかけるのです。

相手が年上なら、「ちょっと聞いてもいいですか？」というように〝聞きたがり〟になりましょう。年下の相手が自分に興味をもって「その知識は、どうやって収集しているんですか？」などと聞いてくれるのは嬉しいもの。

人は、基本的に年下から、慕われたい、尊敬されたいと思っています。〝聞きたがり〟の後輩は、間違いなく、かわいがられるはずです。

また、相手が年下なら、「前から思ってたんだけど……」と切り出して、「そのユーモアセンス、すごいよね」と、〝ほめたがり〟になりましょう。

人は、基本的に年上の人から認められたいと思っています。

〝ほめたがり〟の先輩は、間違いなく、慕われるでしょう。

「ちょっと聞いてもいいですか？」「前から思ってたんだけど……」の前振りは、同世代にも有効。繰り返しますが、人は自分に興味をもってくれる人を好きになるのです。

20

〝雑談〟は盛り上がらなくてもいい

たわいない会話だからいいのです

ヘアサロンの美容師さんと雑談したり、親しくない同僚と職場の休憩室でおしゃべりをしたりするのが苦痛だという人は少なくありません。相手に興味がないし、共通の話題もない。気を使って会話をするのは面倒だという気持ちもあるでしょう。

しかし、〝雑談〟は、たとえ拙《つたな》い会話でも、「失敗」というものがありません。「いい会話にしなきゃ」「話を合わせなきゃ」「嫌われないようにしなきゃ」など、ハードルを高くして肩に力が入ってしまうから、面倒になるのです。

「午後から雨になるらしいですけど、傘、忘れちゃいましてね……」なんて、自分の思っていることをそのまま口にするだけでも、会話はつながっていきます。

私はヘアサロンで美容師さん、ほかのお客さんと話すのはわりと好きですが、ときには、ついていけない話題や、あまり盛り上がらない話題もあります。

それでも「へー、そんなことがあるんだー」「なるほどねー」なんて、たわいない会話をしているうちに、気持ちもほどけて、ひょっこり共通点が見つかったり、相手のことが理解できたり、親しくなれたりすることがあるのです。

リモート会議の前にちょっと雑談をすると、アイデアが出やすくなったり、営業トークの前に世間話をすると、商談がスムーズに進んだりすることもあるはずです。

それは、ざっくばらんに話すことで「心理的安全性」が高まるため。他人の反応に怖さや恥ずかしさを感じずに、自然体でリラックスして振る舞えるようになるからです。

つまり、雑談は内容よりも、言葉を交わそうとすることに意味があるわけです。

最初は〝敵に近し〟、「て（天気・季節）き（近況）に（ニュース）ち（地域）か（体・健康）し（趣味・仕事）」の軽い話題から始めてはいかがでしょう。会話が続かないときは〝沈黙〟してもいいし、話したくなったら再開すればいいのです。

目的がある会話ではなく、たわいない会話だからこそ、心地よい関係が生まれるのだとわかっていれば、言葉を発することに少し積極的になれるのではないでしょうか。

21

話しかけたいけれど、どうしても話しかけられないのなら

壁をなくすきっかけをつくりましょう

「話したいけれど、どうしても自分からは話しかけられない」ということもあるかと思います。自分のこと、もしくは相手のことを意識しすぎると、話せなくなってしまう。「立場が違いすぎる」「相手のことを好きすぎる」「自分がどう思われるか不安」「極度の人見知りで緊張する」など、理由はいろいろあるでしょう。

そんな人は、**「相手から話しかけられる工夫をする」**という方法もあります。

営業マンで、初対面でも「それ、なんですか?」と突っ込まれるようなネクタイや、話題になるような名刺を持っている人がいます。アクセサリーや時計、メガネなど、珍しいアイテムを持つことは、話しかけられるきっかけづくりになるでしょう。

ある友人は、大人数のパーティに参加するとき、民族衣装のサリーを着ていくそう

です。遠くからでも目立ってつぎつぎに人が寄ってくるので、自分から人を選んで話しかけていく手間が省けるとのこと。

仕事やプライベートで「ちょっと気になっているけれど、話しかけられない」というときは、だれかに間に立ってもらうのもあり。使える〝コネ〟は使いましょう。

私は、ファンだけれど恐れ多くて話せない作家に、このあざとい手を使います。どちらも知っている編集者さんや友人に伝えておくと、飲み会に呼んでもらえたり、パーティで紹介してもらったり。最初に数人で話すと、一対一の抵抗は小さくなります。

また、小学生のような手ですが、ニコニコしながら、なるべく近くのスペースにいる。ときどき、「話しかけてくれー」という視線を送り、目が合ったらペコリとあいさつ。無防備な状態でぼんやり一人でいるのも、話しかけられやすくなります。

話しかけるのが苦手な人は、相手と自分の間に、勝手に境界線を引いているだけで、一度越えると、「ずっと話したかったんです！」と、堰《せき》を切ったように話し始めることも多いもの。ときにはどんなにあざとい手段を使ってでも、接点をもつことをあきらめないでください。

第3章

「なぜか顔見知りができない」をなくすちょっとしたヒケツ

01

〝話しかけないでオーラ〟を発していませんか？

相手に〝目線〟を向けることから始めましょう

新しい職場や地域、趣味や学びのサークルなど知らない人のなかで、「いつまで経っても打ち解けられない」「会話ができる人がいない」「顔見知りになれない」など、疎外感があり、不安になった経験、ありませんか？

私も内向的な性質なので、そんな気持ちは痛いほどわかります。

しかし、だからこそ、ほんのちょっとしたヒケツで「なぜか顔見知りが多い自分」になれることもわかったのです。

第3章では、「なぜか顔見知りができない」理由と、それを払拭《ふっしょく》するための方法についてお伝えしていきます。

まず、**「顔見知りができない人」のもっともシンプルな特徴は、無意識に〝話しか**

けないでオーラ〟を発しているということです。たとえば、同じ職場にいても、いつも背中を丸めてスマホをいじっている人、うつむいて黙々と仕事をしている人、無表情や不機嫌な人など、目に見えないバリアがあって心が開いていない印象があります。

このバリアを解除する鍵は、意外に簡単。〝目線〟を上げて、まわりを眺めてみることです。話しかけにくい人は、目線とともに体も心も内側を向いているのです。

目線や目の動き、目つきはその人の心情をしっかり表しています。知らない人に道を尋ねるとき、目が合ってやわらかい表情になる人には話しかけやすいし、目が合っても目線をサッと逸《そ》らされると「避けられている」と感じるはず。

初めての場では「自分がどう思われるか」ではなく、「どんな人がいるのかな〜」と肩の力を抜いてまわりに目を向けて。あいさつや返事をするときも、相手の顔を見て目を合わせましょう。

恥ずかしがり屋の人は、目が合ったときに微笑みながら「1、2、3」と3秒数えてゆっくりお辞儀をすると「避けている」という印象にはなりません。目線とともに相手に意識を向けることが、〝話しかけていいよオーラ〟を発することになるのです。

02

「定番の会話」から話が広がらないのではありませんか？

小さな「自己開示」から、関係は深まっていきます

会うと、あいさつはするし、「いいお天気ですね」などと話すけれど、そこから一向に関係が深まらない、互いのことをなにも知らない……という人はいませんか？「今日はいいお天気ですね」「そうですね」「じゃあ……」で終わってしまうのです。

そんな人は、「自己開示（他者に自分をさらけ出すこと）」ができていないもの。「定番の会話」だけでなく、ある程度、自分の情報を与えなければ、いつまでも、その他大勢の「見知らぬ人」から抜け出すことができません。

「顔見知り」に昇格するためには、互いにどんな人か理解し、心を通い合わせて、「この人なら気軽に話せる」と安心できる状態になる必要があるのです。

消極的な人でも自己開示できる、いちばん簡単な方法は、「定番の会話の流れで、

少しだけ自己開示する」ことです。 たとえば、「今日はいいお天気ですね」のあとに、「こんな日は海にでも行きたくなります」とか「久しぶりに布団を干そうかな」とか。「おつかれさま」のあとに、「この時間になると、チャージが切れたように間食しちゃいます」とか適当に。

自己開示された側は、「相手がこれだけ話してくれたのだから、こちらも話さなきゃ」と感じて、徐々にプライベートを明かしてくれるようになります。

また、相手が答えやすい、軽い質問をするのもあり。その際も、「私はアリカワといいますが、お名前を伺ってもいいですか?」とか、「私はこの店に週イチで来てるんですけど、よく会いますよね?」とか、自分のことに絡《から》めて話すといいでしょう。

人との親密度は、自己開示によって決まります。どんな仕事をしているかわからなくても、「焼酎《しょうちゅう》が好きなこと」「登山が趣味なこと」「最近、失恋したこと」など、ニッチな情報を知って、なぜか心が通い合うこともあります。

そんなふうに心を開くことで、「顔見知り」になり、ふとした拍子に仲良くなったり、頼ったり、手助けしたり、相談したり……と関係も深まっていくのです。

03

自分が知らない話題だと、尻込みしませんか？

「知らない」は弱点ではなく、仲良くなれる最大のチャンスです

相手がＩＴ関連、音楽関係、建築関係など、なんらかの専門性のある人だとわかって会うとき、「うわ、この分野は明るくない」「きっと話が合わないだろうな」と尻込みしてしまうことはありませんか？

知ったかぶりをして話すのも失礼だし、「そんなことも知らないの？」と思われるのも嫌なので、最初から距離を置いてしまう人もいるかもしれません。

しかし、「知らない」というのは、仲良くなれる最大のチャンスなのです。

最初から対等に話をしようとすると、うまくいかないもの。いわゆる〝人たらし〟といわれる人は、素直に「知らないから、教えて」「知っているなら、相談させて」と相手の懐《ふところ》に飛び込んで、いつの間にか親しくなっています。

知らない単語が出てきたら、すぐに「なんですか？　それ」と聞いたり、「その○○について、もう少し詳しく教えてください」と的を絞って説明してもらったり。

本来、人は教えるのが好きな生き物。自分の専門分野に興味をもってくれるのは、嬉しいと感じるものです。

「私、〜だと思っていたんですけど、違うんですか？」と間違ってもＯＫ。「訂正してあげなきゃ！」というとき、人はさらに饒舌になります。

いくらか話を聞いたあとは、「そもそも、どうしてこの道に進まれたのですか？」「どんなところに魅力を感じますか？」など〝人間像〟にシフトするといいでしょう。

どちらにしても、その話だけに終始するのではなく、2、3回往復できれば上出来。キリよく、興味をもった部分や、ほかの共通点などに話題を移せばいいのです。

「知らないから、教えて」の手法を使うと、共通点がなくても、価値観が違っても、年齢が大きく離れた年上でも年下でも、顔見知りになれる可能性があります。

すべての話題、すべての人に興味津々《しんしん》にならなくても、「なにか面白い話が聞けるかな」というスタンスで耳を傾けたいものです。

04

「その場かぎりのおつき合い」になっていませんか？

去り際は大事。「いつか」「どこか」を具体的にしましょう

なにかの飲み会で話が弾んで、すっかり仲良くなった気でいた相手が、帰るときは目も合わせずに「じゃあ」と去って、少し寂しい気持ちになったことがありました。

一方、散歩の途中、たまにあいさつをする程度の高齢のご婦人は、いつも「またお会いしましょうね」と去っていくので、ほっこりあたたかい気分に。

「〝つぎ〟があるのだ」とイメージできるだけで、「通りすがりの人」が「顔見知りの人」になるのです。

どれだけ話が盛り上がっても、〝一度きり〟では「通りすがりの人」。もちろん、その出逢いが無駄だということはありません。「楽しかった」「いい話が聞けた」「相手も喜んでくれた」、それだけでも十分、意味があるでしょう。

しかし、「この人とは、また会いたい」「もっと話をしたい」と思ったら、〝また〟を期待したいもの。「じゃあ」「またいつか」「ご縁があればどこかで」では、もったいないではありませんか。

「いつか」「どこか」を具体的な言葉にするだけで、まったく印象は違います。

ハッキリ決まっていなくても、「また来月あたり、セミナーで会えそうですね」「このお店、週末によく来るので、また会いましょう」「いい情報が入ったら、連絡しますね」というように、自分から〝また〟を演出するのです。

年に1、2回会う友人で、帰り際に必ず「つぎはいつにする？」と聞いてくる人がいます。以前は「会いたいときはいつでも」などと言っていたけれど、それだと寂しい。「つぎは春にお花見でも行こうか」などと決めると、お花見が実現できなくても、その前後で会う機会をつくって、途切れることなく関係が続いているのです。

去り際というのは、ほんとうに大事。出逢いの印象と同様、相手の印象として残るものです。「また会いたい」と思ったら、その縁を途切れさせないように、自分から〝また〟をイメージし、演出してみませんか？

05

気がつけば、自分の話ばかりしていませんか？

「自分の大ネタ」よりも、相手の心に残る話を

社交的で話題も豊富なのに、「なぜか顔見知りができない」という人がいます。

そんな人は、自己開示もできていて「私、しっかり者に見られるんですけど、そそっかしくて。この前も大事件が起きましてね……」なんて、自虐ネタも入れつつ、面白おかしいネタを提供してくれるものです。

しかし、気がつけば、自分の話ばかり。まるでワンマンショーを見せられているようで「楽しい人だ」という印象は残っても、「また会いたい」とは思わないわけです。

じつは、「自分の大ネタ」よりも、「相手の小ネタ」のほうが心に残るのです。

だれでも簡単にできるのは、相手に対して感じていることを話してみること。たとえば「○○さん、マラソンしてるって聞きましたけど、体力がありますね」

「最初はおとなしい方かと思っていたら、ギャグの連打で嬉しくなりましたよ」

「○○くんって女性たちのなかにいても、違和感なく溶け込めますね」というように。

そんな小さな〝気づき〟や〝感じたこと〟でも、相手は「なになに？」と身を乗り出してきます。面白い話やほめ言葉でなくても、気づくだけで相手は大満足なのです。

「そうですかね？　自分ではよくわからないですけど」なんて言いつつ、ニコニコしながら「健康だけは自信がありまして」などと自分のことを話してくれるでしょう。

だれでも自分にいちばん興味があるのですから、そんな自分に興味をもってくれる相手は「また話したい」「また会いたい」となるに決まっています。

どこに行ってもコミュニケーションがうまい人は、日ごろから相手の振る舞いや特徴を関心をもって見ています。そして、いい小ネタは相手に伝えようと思っています。

無意識になんとなく感じていることでも、具体的な言葉にして相手に伝えることを意識してみてください。

相手のいいところ、面白いところを見ようとする、あたたかいまなざしは心地よい空気を生むはずです。

06 どんなふうに、自分のことを伝えていますか？

「基本情報」より「日常のエピソード」を

前項で顔見知りになるためのヒケツのひとつとして、「相手の小ネタ」を話題にする提案をしましたが、もちろん、自分のことを話すことも必要です。自己開示によって安心感を与え、理解や信頼も深まっていくのですから。

とくに初対面やよく知らない相手に対しては、だれもが会話をしながら無意識に「この人はどんな人なのか」と探っています。**「気持ちよくつき合える人か」「心を許していいか」「どんなおつき合いができるか」と判断する材料が欲しいのです。**

そこで、自分のことをわかってもらうために多くの人がやりがちなのが、まるで仕事上の自己紹介のように会社や肩書き、家族構成などから話そうとすることです。

あなたもそんな経験がありませんか？　初めて会ったときに、「私は◯◯会社に勤めています。総務で給与計算とかやっていて……」とか、「子ども2人は独立して、いまは夫婦2人の暮らしです」というように、たんに情報を羅列して話すこと。

しかし〝肩書き〟では、「気持ちよくつき合えるか」の判断材料にはならない。むしろそこから入ることで「自分とは違う世界の人だ」と心の距離ができることも。

人が知りたいのは、あなたがどんな人柄で、日ごろ、どんなことを考えて、どんなことに興味があり、どんな行動をしているかという〝人となり〟。ですから、ざっくばらんに日常のエピソードやふと考えたことを話すだけでいいのです。たとえば……、

「今日は起きたら正午で、どうやら10時間寝ていたみたいです。最高に幸せでした」

「引き出しから千円札が出てきたので、抹茶フラペチーノを買ってしまいました」。

「今日は大雨になっちゃいましたね」といった定番の天気の話も「革靴を脱いで、裸足《はだし》で歩きたい心境です」なんて言うと、素直でありのままの姿が見えてきます。

大人の心地よいつき合いとは、肩書きや境遇などにかかわらず、どんな人ともゆるく楽しくつながること。親しみをもてたり、共感したりして「仕事はなにをしている人か知らないけど、顔見知りでよく話すんだよね」となることも可能なのです。

07

「いいところ」ばかり見せようとしていませんか？

「弱点」を見せたほうが、かわいく、かっこいい

だれでも、「よく思われたい」という気持ちはあるもの。そのパワーが仕事をがんばったり、恋愛できれいになったり、節度を守ったりすることにもつながります。

しかし、その気持ちが暴走して、初対面の人にも「いいところ」ばかりを見せて、自分の「弱点やコンプレックス」はひた隠しにしたり、誤魔化したりする人がいます。

初めて会ったとき、話の端々に「こんなに成功している」「こんなに家柄がいい」「こんなに頭がいい」「こんなにちゃんとしている」などの自慢が入っている人がいるもの。まわりは一応、「すごいですね」とほめても、長時間一緒にいたいとは思わないでしょう。「マウンティングされているのかな」と居心地悪く感じたり、「そんなに大したことじゃないのに」と反感をもったりします。

ときどき、漢字を読み間違えたときに「私、理系なんで」とか、時間に遅れたときに「バスが遅れて困りました」なんて言い訳をする人がいますが、かえって見苦しく、余計に〝いたらなさ〟が目立ってしまうものです。

「私、漢字に弱いんですよ」とか「いつもギリギリの行動なのでダメですね〜」などと、素直に認めてくれたほうが、相手も「いえいえ、私もそういうことありますよ〜」と、ほっと安心できるでしょう。

ある有名ミュージシャンなどはよくラジオ番組で、「そそっかしい勘違いをしまして……」「ダメダメな自分に呆《あき》れた」「無理をしすぎてイタい自分がいた」など、あえて自虐ネタを差し込んできます。親しみやすさを感じさせることで、さらにファンが増えることを、長年の経験からわかっているのです。

〝よそ行きの服〟より〝普段着〟の気持ちで接したほうが、相手は「そんなところも見せてくれるのね。では、こちらも……」とラクな気持ちになります。

自然体で弱点も見せられる人は〝かわいげ〟も〝かっこよさ〟も感じさせる。「これも自分の一部なんで」と開き直ると、自然に人が集まってくるのです。

08

「いい人」であろうと、無理をしていませんか？

大人のつき合いで「いい人」になる必要はありません

無意識なのか、意識的なのか「いい人」でいようとがんばってしまう人は多いもの。その性質が裏目に出て、人の誘いを断れなかったり、本音を言えなかったり、無理してまわりに合わせたり……と、つくり笑顔で「小さな我慢」を重ねてしまうことも。

これらは、相手への思いやりのようですが、じつは「嫌われたくない」「波風立てたくない」という自分の保身で、互いのためになっていないことがほとんどです。

「自分より他人が優先」で振る舞うとストレスがたまり、だんだん顔を合わせるのも嫌になってくる。恨みがましいとさえ思うようになる。無理な「いい人」の末路には破綻《はたん》が待っています。嫌われたくないのに、自分が相手を嫌いになってしまうのです。

大人のつき合いで「いい人」であろうと無理をする必要はありません。

たとえ、会社などの上下関係や利害関係のあるつき合いであっても、本音で話すことで信頼関係が生まれて、長いつき合いができるのです。「顔では笑っているけど、本心はどうなの？」という〝わかりにくさ〟が不信感につながります。

我慢するのが大人ではありません。自分の意見をちゃんと伝えるのが大人なのです。

私も長年、自分を出さず、まるで息をするように「いい人」を演じて生きていて、心が疲弊してしまったことがありました。それはもう、人と会うのが面倒になるほど。

しかし、しんどくて自分のことがほとほと嫌になったとき、ふと気づいたのです。「だれもそんなこと頼んでない。自分の理想に勝手に押しつぶされているだけ」だと。

自分より他人を優先しがちな人は、「自分も相手も自由であるため」に自分の本音を言ってみませんか。誘いやお節介に対して「今回はパスします」「それは要らないです」「それは苦手かな」と断っても、感謝と敬意を示せば嫌われることはありません。むしろ、「そんな人なのだ」と理解されて、つき合いやすくなるはずです。

つねに自分の心が道標《みちしるべ》。「自分は自分」であること。 最初から心を開いて本音を言える人は、自分に合う人を見つけやすく、親しい関係にもなりやすいのです。

09

相手を「その他大勢の一人」として扱っていませんか？

「〇〇さんだけ」と特別扱いすると、相手からも特別扱いされます

ときどき行くヘアサロンの店長さんが「アリカワさんだから話すんですけどね……」と言って、プライベートな話をしてくれたことがありました。

内容は記憶にないほどの軽いものでも、「アリカワさんだから」という言葉を覚えているのは、それだけ〝特別感〟があって嬉しかったから。たくさんいるお客さんのなかでも「自分には心を許してくれているのだ」と思うと、「好意の返報性」によって自《おの》ずと「このお店にずっと来よう！」となるわけです。

しかし、よくよく考えると、商売上手や人づき合いがうまい人はこのテクニックを心得ているのです。人懐っこい八百屋さんは「いつも来てくれるから、お嬢さんだけ特別大サービス！」、部下に慕われる上司は「この仕事はきみだからお願いしたい」、

先輩に頼りたい後輩は「こんな相談ができるのは、先輩だけです！」というように。

せっかく自分を特別扱いしてくれているのだからと、自分も相手を特別扱いして、期待に応えようとするのが人情というもの。「顔見知りの八百屋さんだから」「部長の頼みなら」「かわいい後輩の相談なら」と、ほかの人とは違う対応になります。

かく言う私も、特別扱いされるのが好きだし、特別扱いするのも好きです。

それほど親しくない人がほめてくれたとき、「そんなこと言ってくれるのは○○さんだけですよ。今日一日、ご機嫌で過ごせます」、ジムのトレーナーに「こんなに丁寧に教えてくれたコーチは初めてです」、初対面の人にも「○○さんには、普段話さないことまで話したくなります」など。これはあながち嘘ではなくて、だれもが「この部分は、この人だけかも」と、特別に感じるポイントがあるのです。

ただし、よく知らない人に「あなただけに話すけど」と秘密を話したり、グループ内のあちこちで「あなただけ」を言いすぎるのは軽薄な印象になり、信用を失います。

また、「あなただけ」「部長だけ」ではなく、「○○さんだけ」「△△さんだから」「□□さんが初めて」など名前を入れて話すと、特別感がさらにアップします。

10

「一対一」で話す機会がないのではありませんか？

「サシで話す」と、一人に集中して深い話ができます

趣味のサークルや地域のグループ、友人仲間、仕事の会合などでたくさんの人と会っていても、なぜか「顔見知りになれない」「親しい人ができない」ことがあります。

それもそのはず、何回、グループで会って話しても「一対一」で話す機会がなければ、〝その他大勢〟から〝親しい人〟になるのは難しいのです。

とくに「人と仲良くなるのが苦手」と思っている人は、みんなが話す輪の端っこのほうにいて、なんとか場に馴染むように話を聞いているもの。「みんなと一緒でも話せないのに、一対一で話すなんてムリ」と思っているのではないでしょうか。

しかしながら、複数人で話すよりも、一対一で話すほうが、ハードルはずっと低い。

じつは私も複数人での会話は苦手。みんなに向けて「なにを話していいのか」「い

ま、口を挟んでいいのか」「黙って聞いていていいのか」などあれこれ気を使います。話すときはみんなの視線や表情を感じて、なかなかリラックスできないもの。だから、できるだけ一対一で話す機会をつくるようにします。といっても、パーティや飲み会、教室などなら、タイミングを見て一対一で二言三言会話するだけでいいのです。

「こんにちは。以前も会いましたよね」「◯◯さんのご紹介で来られたんですか？」「さっきのお話、興味深かったです」など、同じ場所にいるなら、なにかしら共通の話題はあるはず。**「サシで話す」という状態は、目の前の人だけに集中すればいいので、ものすごくラク。**聞きたかった質問をしたり、自分のことを話したりしているうちに、話が弾んで、一気に仲良くなることもあります。

それに複数人で話すと、「全員がわかる話」をするので、世間話や日常のエピソードなど薄っぺらい会話になるのは必然。一方、サシで話すと、本音、意外な話、真面目な話など、自然に話は深くなっていきます。

1回だけでなく、2、3回、一対一で話す機会があると、気軽に声をかけられるようになるのです。

11

「沈黙」を恐れて、会話に消極的になっていませんか？

「沈黙は沈黙のままでいい」という選択肢をもつとラクになります

「沈黙が怖いから、人と話したくない」という人は少なくありません。

たとえば、エレベーターのなかで、見かけたことがある人と二人きり。会話が途切れたときの沈黙が嫌だから、いっそあいさつもしない。休憩室で同僚と二人きり。少し話したあと、会話が続かず、気まずくて先に出る……というように。

私は、「沈黙が怖い」という気持ちが痛いほどわかります。

かつては「なにか話さなきゃ」と焦るほど言葉が出てこず、つい軽はずみなことやズレたことを言って、あとで「私と一緒だとつまらないと思ったのでは」「バカだと思われたのでは」と自己嫌悪。こちらも疲れたので、相手も疲れたことでしょう。

しかし、あるとき、ふと「待てよ。この沈黙はだれのせい？」と思ったのです。

そう、**沈黙は私だけの責任ではない**。だれの責任でもなく、そもそも「沈黙＝悪」ではありません。沈黙が苦手な人は、無意識に「みんなに好かれたい」「楽しんでほしい」と思っているものですが、本来、相手の気持ちはコントロールできないのです。**「沈黙は沈黙のままでいい」**という選択肢をもつとほんとうにラク。話したいときは話し、そうでないときは落ち着いて黙っていればいいのです。

そもそも、沈黙には二通りあります。ひとつは「無理に話さなくていい沈黙」。移動中、食事中、休憩中、作業中などなんらかの目的があってそこにいるときは、沈黙してもいい。むしろ、話さないほうがいい場合もあります。

もうひとつは会議や飲み会など、話す目的でそこにいる場合。それはつぎの話をするための「間合いの沈黙」。相手の話が途切れたときも、慌てずに「あ、私もなにを言うか忘れました」「なんの話をしましょう?」なんて笑い合いましょう。

「無理に話さなくていい関係」は安心と信頼の証《あかし》なのです。

相手に「この人とは沈黙しても大丈夫だ」と思ってもらえればしめたもの。互いにリラックスして会えるようになるはずです。

12

〝損得勘定〟でつき合う人を決めていませんか?

「人によって態度を変えないこと」を心がけると、思わぬ効果が

新聞社で働いていたころ、顔見知りのタクシーの運転手さんが、こう話してくれたことがありました。

「あなたはほかのドライバーからも、感じがいいって評判だよ。車内での話が楽しいって。でも、△△って記者は偉い人と私たちへの態度が違う。いつもは話もしないのに、情報が欲しいときだけ擦《す》り寄ってくるから、みんな教えたくないよ」

そう、運転手さんたちは、日々さまざまな乗客と接していて、運転手さん自身の人生も面白いので話題が豊富。度々雑談が盛り上がり、こちらから聞かなくても、街の情報やレアな噂話、有名人を乗せた話、自分の生活や人生なども語ってくれることがありました。

△△記者は、失礼な態度で運転手さんたちの気分を害してしまったようです。そんな不信感のある状態では、頼みごとをされても心情的に応じられないでしょう。

心理学用語で、相互の信頼関係がある状態のことを「ラポール」といい、フランス語で「橋を架ける」という意味です。**心と心が通じ合った信頼関係の土台がないことには、どんな言葉も入ってこないし、頼まれごとも拒絶してしまうのです。**

人づき合いを損得勘定ではかる人ほど、心に橋を架けることはできず、最後は損をする仕組みになっています。メリットになると思う人には媚《こ》びて、どうでもいい人には傲慢だったり冷淡だったり。そんな態度は上《うわ》っ面《つら》なものなので、応援してくれる人は現れない。利害関係がなくなると、あっさり人が離れていくでしょう。

人づき合いは、**「自分に得があるか」より「相手になにができるか」を考える人が得する仕組みになっています。**いったん心に橋が架かれば「この人なら」と、なにを言っても説得力があったり、なにを頼んでも応じてくれたりするのです。

「人によって態度を変えないこと」はマナーの基本中の基本。だれに対しても丁寧に接する人には、身近なところで応援してくれる「顔見知り」が増えていくはずです。

13

無意識に〝マウント〟をとろうとしていませんか？

「すごいと思われたい！」という気持ちを、どうすればいい？

「私から見ると、そんなの甘いね」「へー。◯◯を知らない人っているんだ」「普通にやればできるはずだけど」「ヒマがある人はいいよね。自分なんか……」

こうした人を見下した〝マウンティングワード〟を、さりげなくつぶやく人がいますが、本人は悪気はないし、上から目線だという認識もありません。

しかし、これはほかの摩擦でもありがちな「やられたほうはしっかり覚えているけど、やったほうは覚えていない」の典型パターン。指摘されないかぎり気づかず、知らぬ間に「つき合いたくない人」として認定されて、人が離れていってしまうでしょう。

「マウント」とは、相手よりも自分が優位だと見せつける言動のこと。ほかの動物に見られるように、人間も異性に選ばれて種を残したり、生き残りをかけた競争をしてきたために、本能的に「優位でありたい」「負けたくない」という欲求はあるものです。日常生活の些細なことで人と張り合おうとする人は、「私はこれでいいのだ」という自信がないために、上から目線で話すことで安心感を得ているのかもしれません。

「人は人、自分は自分。私には私の道がある」と自分を肯定できる人なら、人との競争も、負けず嫌いの性格も、成長のためにプラスに作用するでしょう。

上から目線の言動を直すには、それが人を不快にしていると認識することから。自分がマウントをとられたときは、張り合うのではなく、「これは恥ずかしい言動だな」「懸命に生きてるのね」と同じ土俵に上がらないことで、状況を客観視できます。

「すごいと思われたい！」という欲求が顔を出したら、上から目線の〝自己アピール〟よりも、「私の力を役立てるよ」と〝貢献〟にして伝えるといいでしょう。

「あなた、そんなことも知らないの？」と言うより「私、知ってるから、いつでも聞いて」と言ったほうが、「ありがとう！」と喜ばれて、なにかと声がかかるでしょう。

せっかくの自分の持ち味は生かしたほうが、自分でも気持ちがいいはずです。

一人ひとりに敬意をもち、謙虚になったほうが、生きやすいのです。

14

「違う価値観は認めたくない」のではありませんか？

「そんな人もいる」「そんな部分もある」と気楽に面白がりましょう

「多様性」なんて言葉がもてはやされている現代でも、いまだに「あんな格好するなんて、信じられない」「そんなことするなんて、時間とお金の無駄」「そういう趣味、なにが楽しいのかわからない」なんて、平気で口にする人がいます。

もちろん、自分の意見をもつことは大事。ですが、「自分が正しくて、相手は間違っている」と決めつける乱暴なつき合い方では、人が離れていってしまいます。

そんな人たちは、よく「〇〇するべき」「〇〇しなければ」という言葉を使って、他人の価値観を否定したり、自分の価値観を押しつけたりします。意見が違うと、「そんな人だとは思わなかった」と、〝白黒思考〟でその人全部を否定してしまう。「善か悪か」「敵か味方か」「0か100か」と極端に決めつけてしまうわけです。

まわりは自分に矛先《ほこさき》が向かってこなくても、なんとなく窮屈さを感じるでしょう。

年齢が離れた大先輩でも、立場がまったく違う人であっても、「へー。その考えはなかったな」「そんな世界があるんだ」と面白がってくれる人と話すと、ほんとうに楽しい。意見を交換して理解を深めたり、学んだりすることもできます。

人づき合いを突き詰めると、〝さまざまな価値観〟とのつき合いになってきます。

人との違いを「正しい・間違っている」ではなくて、「それもあり」と〝グレー〟のまま受け入れると、摩擦が減って、ものすごくラク。人づき合いの間口が広がり、視野も広がります。

20代のころ、実家のとなりのおばちゃんが、度々「女が仕事をがんばっても幸せになれないよ」と言っていました。自分の生き方を否定されたようで避けていた時期もありましたが、「あの年代では、そう考えるのも無理はない。私は違うけど」と受け入れてから、笑顔で会えるようになり、あれこれお世話になりました。

他人を否定しない。異なる意見の人も否定しない。「そんな人もいる」「そんな部分もある」と広く広くとらえたほうが、自分が救われるのです。

15

「自分はダメな人間だ」という感覚はありませんか？

――「他人との関係」の前に、「自分との関係」を見直してみましょう

〝上から目線〟で偉そうな人は、心地よい関係を築きにくいものですが、それとは真逆で、「どうせ私なんて……」と、自分を卑下《ひげ》している人も、じつは承認欲求が強く、対等な信頼関係を築くことはむずかしいのです。

自分を卑下する人は、悪いこともしていないのにオドオドしていて、必要以上に「話し下手でごめんなさい」「気を使わせて申し訳ありません」などと謝ることが多いもの。「自分なんて、全然ダメですよ」と自分を卑下したり、「あの人と自分は、もともとのデキが違いますから」と拗《す》ねたことを言ったりします。

〝卑下〟と〝謙虚〟は一見、似ていてまったく違う。自分を卑下する人は、ほめられても「いえ、そんなことありません」とお世辞や社交辞令だと疑って否定します。

謙虚な人は「ありがとうございます！　自分ではまだまだだと思っていましたが、自信になります」と、他人を気持ちよく受け入れることができるのです。

自分を下に置く人は、劣等感があったり、自己肯定感が低かったりすることもありますが、無意識に「自分は格下」「ダメな人間」だとキャラ設定を低くすることで、まわりに優越感をもたせて身を守っているとも考えられます。

「自分なんか……」と自己評価が低いと、他人からの評価も低いと感じて、人づき合いも消極的になるもの。もし、自分もその傾向があると感じたら、まずは「すみません」を「ありがとう」に変えることから始めるといいでしょう。

「相手からどう思われるか」よりも「相手にはどんないいところがあるか」に意識を向けて、人の話に耳を傾けること。そして一日1回、自分をほめることを心がけて。**自分といちばん長くつき合っているのは、ほかのだれでもなく、自分自身。だれがなんと言おうと、どんな自分であろうとも、自分だけは自分を認めることを大切に。**

「自分も捨てたものではない」と思えるようになるころには、きっと顔見知りも増えているのではないでしょうか。

第4章

気軽に話せる関係をつくる人のちょっとしたマナー

01

言葉遣いが丁寧な人は、安心して話せる

美しい言葉を投げかけると、美しい言葉が返ってきます

「この人とは安心して話せる」という人は、相手を心地よくしてくれる〝マナー〟があるもの。第4章では「気軽に話せる関係」になるためのちょっとしたマナーについてお伝えしましょう。

まず、あたりまえですが忘れがちなのが、「丁寧な言葉遣い」です。言葉は、品格をもっとも表すもの。良くも悪くも、人は言葉遣いで判断されるのです。

カフェで、上品な服装をした40歳前後のご婦人グループから、「うざっ」「やっぱ」「まじ?」「めんどくせー」といった言葉がつぎつぎに聞こえてきました。

その途端、印象がまるで変わり、顔つきが幼く、知性に欠けるように見えてきたのです。反対に、金髪でいかつい風貌の若者がエレベーターで「お先にどうぞ」「何階

ですか?」と丁寧な言葉遣いだったときは、「なんていい人!」とガラリと好印象に。**丁寧な言葉遣いはひとつの信頼。見た目の印象を超えてくるのです。**

敬語で話せということではありません。フランクな話し言葉でも相手の顔を見て、ゆっくり話そうとするだけで、言葉は丁寧になり、自然に気持ちもこもります。

心が言葉をつくるようですが、じつは逆。言葉の習慣が心のあり方をつくるのです。

口が悪く、汚い言葉を使う人は、気性が荒くてトラブルが多い印象があります。多くは自分の言葉によってヒートアップしてしまうわけです。

もともと私も感情の起伏《きふく》が激しいタイプなので、けっして人を傷つけないよう、丁寧な言葉遣いを心がけています。イラッとしたときもひと呼吸置いて、ゆっくり「あらまぁ、どうしましょう」などと言っていたら、イライラすること自体なくなりました。

「和顔愛語《わげんあいご》」という仏教の言葉があります。和やかな顔と愛のある言葉で接すれば、それが循環して、まわりの人も自分も幸せになれることは、実感としてあるでしょう。

「この人の話し方は素敵」と思うお手本を見つけて、なり切ってみるのもひとつの練習方法。丁寧な言葉を使うと、声をかけられることが増えてくるはずです。

02

けっして偉ぶらないで、相手の目線で話す

「伝えること」より「伝わること」。謙虚な姿勢は信頼になります

年上や上の立場でも、だれからも気軽に声をかけられる人のいちばんの特徴は、けっして偉ぶらず、自然体であることではないでしょうか。

数千人規模の会社社長である友人は、偉ぶらないし、媚びることもない。相手の目線でフランクに話すので、社内をふらりと歩くと、あちこちから「ちゃんとご飯食べてます？」「今度、こんな企画しませんか？」などと声がかかるのです。

友人曰《いわ》く「自分はたまたま社長という役割をもらっているだけ。一人ひとりの社員がなにかしら優《すぐ》れた部分をもっているから、ほんとうに尊敬するよ」と、敬意をもって接しているので、社員もそれに応えようとするわけです。

しかし、立場が上になると多くの人はついつい偉ぶったり、知ったかぶりをした

り、上から目線でマウントをとったりしてしまいがち。どの世界にも威厳や権力を示して従わせようとする人はいるものですが、逆効果。まわりは上辺では合わせても「なによ、偉そうに」「器の小さい人間だ」と反感をもつのがオチです。

器の大きい人は、全体像を見ているので、相手の立場になって考えられるし、自分に非があれば素直に認めることもできます。目下の人間や、立場の弱い人にこそ、普段から礼儀正しく接して、丁寧で、わかりやすい言葉で話すようにしています。

そんな人に信頼を寄せて、人が集まってくるのは当然でしょう。

「わかりやすい言葉で話す」と書きましたが、それには知性が必要です。自分が詳しいことを、まったく知らない人にそのまま専門用語で話しても、まったく伝わらない。言葉を噛み砕いて、相手に合わせてアレンジする必要があるのです。

そんなふうに「伝えること」ではなく、「伝わること」を意識してきた人はつねに謙虚で、偉ぶることもないはずです。

人はだれしも「認められたい」という欲求があります。だからこそ、押しつけでなく、「実るほど頭《こうべ》を垂れる稲穂かな」の謙虚な姿勢で、自然に認められたいものです。

03

相手に体ごと向けて、目の前の人との会話に集中する

人は自尊心が満たされないと、感情的になります

だれもが自分自身が尊く、価値ある存在だと感じる〝自尊心〟を満たしたいと思っています。この自尊心とは、人間が生きていく根幹であり、とてもデリケートなもの。自尊心が満たされないと、他人との関係も自分との関係もうまくいかないのです。

あなたにはありませんか？　人から失礼な態度をとられて自尊心が傷つけられると、感情のスイッチが入って腹が立ち、批判的、攻撃的になってしまうこと。

「自尊心を満たしたい欲求は、空腹を満たしたい欲求と同じ」と聞いたことがあります。お腹が空《す》いてたまらないときは、イライラして他人に目を向ける余裕がないもの。それと同じで、他人からの敬意や愛、自分自身への満足などで心が満たされていないときは、それを埋めることに必死で、相手への理性も愛も働かなくなるのです。

面白いもので、マウントをとる人や、逆に卑屈になる人も、「この人は自分を大切にしてくれる」とわかった相手には、とても素直で理性的な人になることがあります。

では、さほど親しくない人の「自尊心を満たす」には、どうしたらいいでしょうか？　会話のなかで敬意を示すためには、ほめる、名前を呼ぶ、感謝するなどいろいろな方法がありますが、**いちばん簡単で効果的なのは、目の前の相手に体ごと向けて、会話に集中すること**。

あたりまえすぎて忘れがちな会話のキホンではありませんか？

人が話をしていてもスマホをいじっていたり、ほかのことを考えて上の空だったり、生返事をしたり……。そんな適当な態度は、意外に相手の自尊心を傷つけるのです。

「相手に体ごと向ける」という姿勢だけで、相手は「自分を大事にしてくれている」と安心します。また、会話に集中することは、ほかのことを排除することでもあります。大事な用事以外は、会話が終わってからすればいいでしょう。

「いまは目の前のあなたをいちばん優先します」という態度がとれる人は、だれからも愛されます。それほど自尊心を満たしてくれる人は、大切な存在なのです。

04

前に聞いたことを、さりげなく話題にする

前の記憶を入り口にすると、連載小説のように流れができます

顔見知りの人に「夏休み、福岡のご実家に帰られていたんですよね。ゆっくりできました？」なんて言うと、「そうそう。よく覚えていましたね。久しぶりに家族みんなで集まって、ゆっくり、わいわい過ごせたのでよかったです」と、スムーズに会話がつながっていくことがあります。

相手からすると、自分がなにげなく話したことを覚えてくれているのは嬉しいもの。いままで以上に親近感がわいて、互いの理解も深まっていきます。

とはいえ、雑談なんて、よほどインパクトがないかぎり、会話が終わったら、泡のように消えていくのが普通です。

相手が言ったことをすべて覚えておく必要はありません。なんとなく印象に残った

キーワードだけ覚えておいて、つぎに会ったとき取り上げればいいのです。

通っているスポーツジムで顔見知りになった女性とは、会うたびに健康の話をします。「玄米、食べているんですよね。いかがですか?」「たしか冷え性でしたよね。生姜茶《しょうが》もいいですよ」「睡眠時間はとれてます?」なんて話すうち、仕事や家族構成は知らないのに、互いの体を労《いたわ》り合う不思議な関係に。

共通の話題や興味があること、情報交換や協力ができそうなことなど、自分に引き寄せたキーワードは、記憶に残りやすく、話も弾みやすいものです。

私は、仕事関係者やセミナーによく来てくれる方などの情報を勘違いして、うっかり失礼なことを言ってしまいそうになるので、名前や会社名、出身地など重要だと思うキーワードは、スマホのアドレス帳にメモしています。

あやふやな記憶は、話題にしないか、正直に「○○さん、出身はどちらでしたっけ?」などと尋ねてもいいと思うのです。3回以上聞くのはほんとうに失礼ですが。

「あれって、どうなりました?」「たしか〜でしたよね」などと、会話を連載小説のようにつなげていくうちに、気軽に話せる関係になることは間違いありません。

05

いいものは、おすすめする。おすすめされたら、すぐに試す

人のおすすめに乗ると、速攻で仲良くなれます

身近に、助けたり助けられたりする関係があると楽しいし、心強いものです。だから、少しだけ〝おせっかい〟を焼いてみませんか。もちろん、迷惑そうな人には遠慮しますが、「こんなのあるよー」と情報を提供すると、喜んでくれる人は多いのです。

たとえば、お笑いが好きな人に「いい気分で眠りにつける漫才のYouTubeがありますよ」とおすすめ。すると、「あの動画、さっそく見てみました。たしかに幸せになれますね〜」「でしょでしょ？」と話が弾まないわけはありません。

なにより、すぐに試してくれたことが嬉しい。**「すぐに実行する」というのは、紹介した相手に対する最高の気遣いではないかと思うのです。**ほかにも、おすすめの健康器具、病院、カフェ、調理器具、小説、アプリ……、合うかどうかわからないけれ

ど、自分がいいと思ったものをおすすめして、だれかが喜んでくれるのは嬉しいもの。

先日、私は「彼氏が欲しいな〜。だれかいないかな〜」と言っている女性に、〝おしつけ見合いおばちゃん〟になって信頼する男性を紹介。結果はうまくいかなかったものの、それぞれから「会ってよかったです。いろいろ考えるところがありました」なんて報告をもらうと、報われた気持ちになりました。

一方、なにかおすすめして、その場では「やってみます！」と盛り上がっても連絡なし。相談に乗っても、その後、音沙汰がない人もいます。採用するかは相手が決めることですが、せっかく親しくなれるチャンス、なにも反応しないのはもったいない。

私は、おすすめされたことは、小さく試して、早めにフィードバックします。試すことより、仲良くなることのほうに重心があることもあります。情報には鮮度があるもの。時間が経ってからでは必要性もなくなり、お互いに忘れてしまうでしょう。

現代社会は「余計なお世話はしないほうがいい」となりがちですが、押しつけでなく、ニーズに応えるおせっかいはどんどん焼いたほうがいいし、無理のない程度に乗ったほうがいい。それが助け、助けられる循環になっていくのですから。

06

「ありがとう」は2回以上、Iメッセージを添えて

心を開いて感謝を伝えるのは、信頼の証

食事をご馳走《ちそう》してもらったときに、その場で「ありがとうございました」とお礼を言うのはあたりまえのマナー。さらに「礼儀正しい人だな」と思わせるのは、つぎに会ったときに、再度「先日はありがとうございました」とお礼を伝えてくれる人です。

加えて「私、あんなに美味しいお蕎麦《そば》は初めてでした」とか「ゆっくりお話しできて、ほんとうに楽しかったです」というように、〝I（私）〟を主語にした自分の感想やその効果を添えると、儀礼的な感謝でなく、心のこもった喜びの言葉になります。

それを聞いた相手は、「あぁ、覚えていてくれたんだ」「そんなに喜んでくれるなんて」と嬉しくなることは容易に想像できます。

〝You（あなた）〟を主語にした「さすが◯◯さんはいいお店、知ってますね」「部

長は気前がいい！」なんてほめ言葉も嬉しいものですが、人によっては評価されているような、ヨイショされているような気がしてしまうかもしれません。

「声をかけてもらって、私は嬉しかった」「一人で心細かったので、助かった」「話をしているうちに、気がラクになった」「あなたのおかげで、知り合いが増えた」と、自分を主語にして思いを伝えることで、相手は自分が役立っていると実感できます。

そんなふうに感謝を〝Iメッセージ〟で伝える習慣は、自分が素直に心を開いていること、相手を大切な人として受け入れていることを示すことができます。

当然、心の距離が近くなり、気軽に話せる関係にもなりやすいでしょう。

また、忘れたころに、ひょっこりと「あのときはありがとうございました」と、お礼を言われるのも嬉しいもの。私は昔の上司にこう話したことがありました。

「もう20年以上前、◯◯さんがかけてくれた言葉に、いまも励まされているんです」

すると、元上司は「そんなこと言った？」と言いつつ、涙ぐんで喜んでくれました。

感謝を忘れないことで、いちばん得をするのは自分自身。相手とのつながりを喜ぶことができ、自分から声をかけやすくなるのです。

07

「でも」を封印し、〝受容〟の言葉から始める

否定しない人には、安心して話ができます

「いやいや、そうじゃなくて」「でも、そんなにうまくいかないでしょ」なんて、自分の話を否定されて、話す気力が失《う》せたという経験はありませんか？

また、こちらが意見や要望を言ったときに、「でもさぁ……」「うーん。そうはいってもね」と、なんでも否定から入る人とは親しくなろうと思えなくなるものです。

「いや」「でも」「だけど」「ていうか」などの言葉は、真剣に否定しているわけではなく、単なる接続語としての口癖ですが、聞いているほうは意外に気に障るのです。

もし、「私も『でも』って言っているかも……」と身に覚えのある人は、今日から「でも」の〝否定語〟を封印して、代わりに「そうなんだ」「なるほどね」「それもありだね」など、〝受容〟の言葉を使うようにしませんか。

人それぞれ意見があるのですから、〝賛成〟や〝肯定〟ではなく、ひとまず「あなたの考えはわかった」と相手なりの考えを尊重して、受け入れるのです。

それだけで、ちゃんと寄り添っている印象になり、相手は納得するはず。

たとえば「今日のランチ、◯◯に行かない?」「でも、◯◯は遠いでしょ。今日は△△にして」なんて言っていたのを、「なるほど、それもありね。私は△△もいいかなと思ったんだけど、どう?」と言い換えるのです。同じことを言っていても、印象はまるで違い、〝対立〟ではなく、同じ目的に向かう〝仲間〟の関係になります。

相手から「でも」で返されたとき、自分の意見を否定されたときも、**自分の頭のなかでこれは「BUT（でも）」ではなく、「AND（それと）」だと変換しましょう。**

「否定された」と、いちいち凹《へこ》んでいては身がもちません。だれ一人、まったく同じ価値観の人はいないのですから、意見が合わないことがあるのも当然。意見を一致させることよりも、それぞれが自由に言い合えることのほうが、ずっと大事なのです。

否定されることなく、安心して話せる。「あなたもＯＫ」「私もＯＫ」で、自分のままでいいと思える関係は、心地よく、話していて楽しくてたまらないのです。

08

相手のペースに合わせて「待つ」余裕をもつ

「待つ時間」は浪費ではなく、ものごとが成熟していく時間

生活のなかで「待つ」という場面は、度々あるものです。相手がゆっくり行動しているのを待つ。長い話が終わるのを待つ。つぎのお誘いが来るのを待つ。相手の返事を待つ。なかなか来ないメールの返信を待つ。また会える機会を待つなどなど。

そんな場面で「待てる人」「待てない人」がいるのも事実。当然、人のことを急《せ》かさずに「あなたのペースでね」と気長に待ってくれる人のほうが心地よいはず。

「待てる人」は、相手を変えようとしないので、気楽につき合えるのです。

たとえば、仕事で新人が「手間取ってごめんなさい!」と恐縮しているときに、にっこり笑顔で「ゆっくりでいいよ。最初はみんなそうだから」と待ってくれる人は、懐の深さを感じさせるもの。穏やかな雰囲気があって、自然に人が集まってくるでしょう。

反対に、「待てない人」は、ゆっくりしている人や状況に対してイライラします。くだらない話をする人にもイライラ、メールの返信が遅いことにもイライラ、結果が出ないことにもイライラ……。当然、話しかけづらい雰囲気が漂っているでしょう。

そんな人は、性格という面もありますが、世の中のさまざまなシステムが効率よくスピーディになった時代の空気に影響されて、ちょっとの時間も「待てない！」と苛《いら》立《だ》ちや焦りを感じやすくなっているのかもしれません。

多くの人が結果が見えないことへの不安や、**少しの時間も「こんなに待たされている！」と損をすることに耐えられなくなっているように感じます。**

そんななかで「気長に待ちましょう」と構えられる人は、強くやさしい。待つことを楽しむ余裕さえあります。時間をかけてこそ得られる喜びや豊かさがあると知っているので、「待たされる」のではなく、自分の意志で「待つこと」を選ぶのです。

なにかを待つ時間は、本来豊かで、成熟していて、タイミングを調整していく時間。日々の生活に忙殺され、スピードに慣れきって、せっかちになりがちな現代人は、いま一度、人と人とのゆっくりしたスピードを意識してみる必要がありそうです。

09

「ちょうど」「たまたま」「ついでに」で心の負担を軽くする

――「気を使っている」と思わせないのが、上質な気遣い

空港から重い旅行バッグを抱えて、明日はどうやって自宅まで帰ろうかと思案していたとき、近所の友人からメッセージ。「明日、帰ってくる日よね？　ちょうど空港の近くのお店に行く用事があるから、そのあと、車で迎えに行こうか？」。

「ちょうど」というのは、気軽に親切をしたりされたりするための彼女なりの気遣い。「わざわざ迎えに行く」という体《てい》だと、私が「それは申し訳ない」と恐縮することをわかっていて、「ちょうど用事があるから」と提案したのでしょう。真偽は不明ですが、「それは助かる！　ありがとう！」と気軽に甘えることができたのです。

彼女はよく煮物やお漬物を「たくさん作ったから、もらって」と差し入れしてくれたり、「YouTube でたまたま、面白い健康法を見たからシェアするね」とメッセージ

をくれたり。そのさりげない親切は負担にならない程度なので、つき合いがラク。「この煮物作るの、結構、たいへんだったのよ」など〝やってあげた感〟があると、申し訳なく感じられて、こちらも遠慮するようになるでしょう。

「ちょうど」「たまたま」「ついでに」をさらりとやってのける人は、ほんとうにかっこいい。職場でも「コンビニ行きますけど、なにか買ってくるものありませんか？」とまわりに声をかけたり、「ちょうど時間が空いたので手伝いますよ」とたいへんそうな人をフォローしたりする人は、気軽に声をかけ合える関係になるはずです。

私はよく「たまたま◯◯さんの写真が出てきたので、どうしてるかなと思って……」などと、ご無沙汰している人に電話することがあります。すると、不思議なもので「あら、私もちょうどあなたのこと考えていた」ということが多いのです。

「ちょうど」「たまたま」「ついでに」は相手にアプローチするための口実だけではなく、**その流れに乗ると、ものごとがスムーズにいく確率が高くなります。**

「ちょうど同じ方向なので一緒に帰った」「たまたまとなりの席だったから、声をかけた」などタイミングが合って、自然につながりができていくこともあるのです。

10

「聞いてはいけないタブー」に踏み込まない

相手をよく知らないからこそ、心地よい関係が保てることもあります

顔見知りになると、相手のことをもっと知りたい気持ちから、「お仕事は？」「結婚は？」「お子さんはまだ？」なんてあれこれ詮索したがる人がいます。「なにか話さなきゃ」と思うあまりに、会話の糸口になる質問をしてしまうこともあるでしょう。

しかし、人によっては、触れてほしくない話題や、立場を抜きにしてつき合いたい場合もあるもの。なにより、自分の領域にズカズカと入り込んでこようとする姿勢に、心地悪さを感じてしまうものです。

相手のことをよく知らなければ会話ができないわけではありません。**無難な話題で様子を見ながら、相手のほうから自分の仕事や家族などの話が出たときに、乗っかるほうが安心感があるはず。**政治や宗教、収入、学歴、容姿などもこち

らから触れるのはタブー。相手が話したいなら話してもらうのが礼儀です。

職業や年齢などを聞けそうな雰囲気なら、「私はリモートワークで……」「私は昭和生まれですけど、○○さんは?」とふんわりボールを投げてみるといいでしょう。相手が乗ってきたら、「聞いてもOK」という合図。相手が言葉少なだったり、話題を変えたりしたときは、その意思を尊重して、話したい話題を深めていきましょう。

むしろ、相手の背景を知らないからこそ、心地よい関係が保たれる場合もあります。

私も伝統楽器の同好会に参加していますが、互いに顔と名前、電話番号以外は、ほとんど知らない関係です。だれも詮索しないし、自分からも言わない人たちだから、子どもからお年寄りまで同じ立場で気楽に音楽を楽しめているのかもしれません。

それでも、会話のなかでふとした瞬間に「昔、そんな仕事をされていたんですか!」「意外に家が近かったんですね」と相手を知ることがあり、自然に少しずつ関係が深まっているような気がするのです。

「相手が話したいことを聞く」「相手が話したくないことは聞かない」は、とても大切な会話のマナーなのです。

11

「決めつけない」人は、心が開いている

先入観があると、人と仲良くなることもできません

他人のことを「こういう人だから私とは合わない」と、決めつけてしまうと、顔見知りが増えなくなってしまいます。

たとえば、近所に引っ越してきた人が「派手な格好で苦手なタイプだな」と思うと、あいさつもしなくなってしまう。また、相手の肩書きや職業で「あの人とは住む世界が違うから、話も合わないだろう」と思うと、態度もよそよそしくなるでしょう。

とくに、繊細な人は、相手の苦手な部分を敏感に察知したり、ちょっとした言葉に傷ついたりして、ネガティブな印象をもってしまう傾向が強いかもしれません。

しかし、私たちが見ているのは、ほんの一部。第一印象や先入観で「この人は○○な人だ」「嫌い」「合わない」と決めつけてしまうのはもったいないことです。

顔見知りがたくさんいる人は、自分との違いを「自分のまわりにいないタイプなので、面白い」「自分にはない部分を尊敬する」とポジティブにとらえています。肩書きや職業にとらわれず、フラットな視点で「この人はどんな人なんだろう」と好奇心をもって好意的に眺めています。**人に対する間口がゆったり広いから、さまざまな人が集まったり、人が人を連れてきて、つき合いの輪が広がったりするのです。**

「先入観」は多かれ少なかれ、だれしもあるもの。もちろん、私にもあります。

そこで、ネガティブな印象や苦手意識にとらわれそうになったら、「そうともかぎらない」と考えるようにしています。「なんだか怖そうだな。でも、そうともかぎらない」「話が合わなそうだが、そうともかぎらない」というように。

すると、心の壁がなくなって話しているうちに、印象が変わってくる。「最初の印象は最悪だったけど、あるとき気が合って長いつき合いになった」という人もいるのです。

「だれもが意外な面をもっている」「わからないことは山ほどある」と思うことは、人への愛と理解を深めることにもなります。「どうしても合わない」と決めるのは最後の最後にして、ゆったり構えて、ゆっくり理解していきましょう。

12

人が話をしているときは、相手の話を遮《さえぎ》らない

最後まで話を聞くことで、「懐の深い人」として認知されます

「人の話を遮らない」「人の話は最後まで聞く」というのは、親しくなるためにはあたりまえのマナーのようですが、意外にできていない人が多いのです。

とくに上司と部下、親子、夫婦や恋人など、上下関係や親密な関係のなかで「ちゃんと人の話も聞いてよ！」と言われたことがある人、いるのではないでしょうか？

話を遮る理由のひとつは、「待って。それは違う」というように反論したいときや、自分の意見を押し通したいとき。もうひとつは「あー、わかりました」「それはもういい」など、先が読めて話を聞くのが無駄だと感じるときです。

後者は、悪気はなく、反論したいわけでもない。むしろ、建設的にテキパキと話を進めたいからこそ、だらだらした無駄な部分は端折《はしょ》りたいのです。

しかし、どちらも自分のペースに従わせようとする傲慢さがあることは、間違いありません。相手に「この人に話しても、わかってもらえない」と思われるでしょう。

相手を尊重して、「話を遮らず、最後まで聞くこと」ができれば、多少、自分を抑えたり、長い話を聞かされたりすることになっても、その何倍もいいことがあります。

まず、度量が大きく、包容力のある人として信頼されます。とくに弱い立場の人にとって、話をちゃんと聞いてくれる存在は嬉しく、ありがたいもの。「気軽に話せる人」として慕われ、日常的に多くの情報が集まってくるでしょう。

また、「この話は先が読める」と思っても、**最後まで聞くと、思わぬ情報や展開があること、意見の折り合いのつけ方が変わってくることも多々あります。**

人は自分の意見が通らなくても、「話を受け止めてくれた」という満足感で、ある程度、納得するもの。噛み合わない、伝わらないといったもどかしさがなくなります。

相手の意見もちゃんと聞こうとする態勢になり、理性的な話し合いもできるのです。

相手の話がひと区切りするところまで「聞くこと」を心がけて、質問や意見は後回しにしてみてください。遮ってまで発言する重要なことは、ほとんどありませんから。

13

肯定的な言葉で始めて、肯定的な言葉で締める

「話すと元気になれる人」として相手の心にインプット

一緒にいて消耗する人の筆頭が「ネガティブ発言が多い人」ではないでしょうか。

たとえば、顔を合わせるたびに「疲れた」「暑くてやだー」「今日の仕事は気が重い」「早く帰りたい」なんてネガティブ発言を連発。ストレス発散なのか、愚痴《ぐち》や悪口がエンドレスに続く……という人と一緒にいると、気が滅入《めい》ってくるでしょう。

反対に、会話が自然にポジティブな方向に進んでいく人とは、話をしていて元気になるもの。そんな人は、もともと明るく元気な性格というわけではなく、ものごとの受けとめ方がやわらかく、明るい方向を見る習慣があるのです。

たとえば、行きたかったレストランに行ったら臨時休業だったとき、「最悪。楽しみにしていたのに。あーあ。来なきゃよかった」とぶつぶつ言っている人、一瞬、

「あらら、残念」と言ってもすぐに、「まあ、ほかにも店はあるし、つぎのお楽しみにしましょう！」と前を向く人、当然、後者の人と一緒にいたほうが楽しいでしょう。

ネガティブ思考の人が、ポジティブな発言をしようとしてよくやる間違いは、「なにかいいことはないかな」と見つけようとすること。ですが、**一緒にいて元気になれる人は、どんなこともプラス面を見て、肯定的な言葉で表現する人なのです。**

「上司は優柔不断な性格だ」→「慎重でやさしい性格だよね」、「締切まで3日しかない！」→「まだ3日あるからなんとかなる！」というように。注意するときも「ミスが多いよね」と嫌味っぽく言うより、「確認する癖をつけたら、ミスが防げるよ」「凡ミスがなければ完ぺき」など肯定的に言ったほうが相手も受け入れやすいはずです。

ただし、無理にポジティブ変換して「きっと神様がくれたギフトよ！」などと押しつけてくる人は鬱陶しい。ネガティブな発言をしてはいけないわけではありません。

「肯定的な言葉で始めて、肯定的な言葉で締める」を心がけるだけで、「明るく前向きな人」という印象になるはず。なにより口から出ていく言葉をいちばん聞いているのは自分自身。肯定的な言葉のほうが心が穏やかになり、ものごとがうまくいくのです。

14

「SNS」だからこそ、つき合う相手を厳選する

気軽に声をかけられるツールは、押しつけないマナーが重要です

「SNS」は気軽に声をかけたり、多くの人とつながったり、互いの理解を深めたりできるツール。孤独や承認欲求を満たしてくれる面もあるかもしれません。

しかし、いつでも、どこでも、だれとでも簡単につながれるからこその「SNS疲れ」も多いよう。一日に何度もチェックし、よく知らない人の日常に気をとられてしまう。キラキラした他人と自分を比較して落ち込む、DMの即レスを求められているように感じるなど、つながるためのツールに、逆に振り回されてしまうわけです。

また、SNSは一度つながった相手を拒否するのが、なかなかむずかしいツールでもあります。「距離を置きたい」と思っても、プライベートにズカズカと踏み込まれたり、面と向かっては言えないような言葉をぶつけられたり。ひどい場合は、見知ら

ぬ人からロマンス詐欺《さぎ》や怪しいビジネスに引き込まれそうになるケースもあります。

SNSは相手の顔や反応する表情が見えないので、自分を偽《いつわ》ったり、人を傷つけたりしやすくなる。コミュニケーションが独りよがりになりがちなのです。

つまり、**気軽につながれるからこそ、つながる相手は信頼できる人に厳選すること。**互いに不快にならないよう、相手の気持ちを尊重して、押しつけないマナーが必要。「プライベートで楽しんでいる内容なので」と断ったり、「あまり反応できないかも」と事前に伝えたりして、距離を保ってマイペースでつき合うことも大事です。

私はSNSを利用するのは、基本的に仕事関係の告知か、人間関係のリアルなコミュニケーションを補うものと割り切っています。リアルなつき合いで安心感のある相手であれば、SNSも有効に使えて、距離を縮めていけるもの。一方、SNSでいいところや断片的な部分しか見せない相手では、心の距離は縮まりません。たとえ、寂しさを埋めるために頻繁にやりとりをしていても、勘違いや妄想が大きくなるはずです。

リアルに人に会い、顔を見て話すことに重心を置くと、日々の些細な出来事は不特定多数の相手に語って聞かせる内容ではないと、実感するのではないでしょうか。

15

小さな口約束ほど守る

人は〝言葉〟よりも〝行動〟を信頼します

「その本なら、持っているのでお貸ししますよ」「そのお菓子屋さん、近所なので今度、差し入れしますね」なんて、軽く言ったことを、ちゃんと覚えていて、実行してくれる人は、ものすごく評価が上がります。

とくに、パーティやお酒の席での小さな口約束ほど大事。雑談のなにげないひと言でも、れっきとした〝約束〟。言われたほうは意外に、期待半分で覚えているものです。「そのことは詳しい友人がいるので、聞いてみますね」なんて言った翌日、連絡をくれると、「よく覚えていましたね！」と、期待を超える感動があります。「軽い雰囲気だったけど、意外にしっかりしていて誠実な人だ」などと好印象をもつのはもちろん、自分のことを大事にしてくれるようで嬉しいではありませんか。

「今度、ご飯行きましょうね」「連絡しますね」といった言葉も、言ったきりで社交辞令になりがち。〝調子のいい人〟〝不誠実な人〟という印象になるばかりか、「まぁ、その程度の関係だよね」と相手との距離は縮まらないでしょう。

約束を守ることは、信頼の証。私たちは人の〝言葉〟よりも〝行動〟のほうがはるかに信頼に値すると、無意識にわかっているのです。実行できないようなことは、たとえ社交辞令であっても言わないようにするのも、信頼されるコツかもしれません。

また、小さな口約束をすることが〝呼び水〟になって、気軽に話せる関係に発展することが多々あります。**「この人とは仲良くなりたい！」と思う相手との間に、小さな口約束をもつことはひとつのチャンス。**喜んでくれそうなことを積極的に提案してみるといいでしょう。ただし、必ず約束は守ること。押しつけないことも大事。

ほとんど知らない間柄なら、困惑されないように「よろしかったら、◯◯しましょうか？」とお伺いを立ててから、相手に判断してもらうのもひとつの手です。

小さな口約束も守るように心がけていると、心地よい緊張感があります。そんな甘えすぎない心持ちが、信頼できる関係をつくっていくのではないでしょうか。

16

置いてきぼりの人をつくらない

まわりに気を配れる人は、どこへ行っても人気者です

新しい職場やサークル、あまり馴染めていない友人グループなど、まわりの人たちは和気あいあいと楽しんでいるのに、自分だけが話の輪に入れず、ぽつんと取り残された感覚、ほんとうに辛いものがあります。

昨今はオンライン会議でも、「常連だけがしゃべっている」「気が引けて発言できない」ということもあるようです。

そんなときに「○○さんはどう思う？」「○○さんも料理に詳しいですよね」と振ってくれたり、知らない話題は「前回はこんな話をしたの」「彼らはご夫婦でお店をしていてね」などと補足してくれたりして、輪のなかに引き込んでくれる人がいると、まさに〝神〟。「あなたについていきます！」という気分になります。

これほど〝置いてきぼり〟という感覚にぞわぞわするのは、人間が社会的動物である証でしょう。幼いころ、クラスメイトに無視されたり、学生時代に一緒にお弁当を食べる人がいなかったりする恐怖にも似ていて、「自分を気にかけてくれる人がいない」という状況は、不安でたまらないのです。

だから私は、だれかが蚊帳《かや》の外にいると感じたら、「だれも取り残さない」という気持ちですぐに話を振ります。みんなにとって楽しい場であってほしいですから。

「自分さえよければいい」ではなく、だれもがまわりに気を配ることができたら、どんなグループも職場も家庭も、安心できて心地よい場所になるはずです。

また、自分が話に置いてきぼりになったときは、内心、不安でも、にこにこ笑顔で「面白い話が聞けるかしら」と耳を傾けるのが大人のマナー。「私は輪から外れていませんよ」と意思表示することで、そのうち、乗っかれる話題も出てくるでしょう。

まわりに気を配れる人は、大抵、〝人気者〟。仕事でもプライベートでも「あの人を呼ぼう」「あの人を応援しよう」となるのは、まわりに配った〝気〟が、多くの〝人〟の〝気〟としてはね返ってきて、〝人気〟になるのかもしれません。

第5章

〝助けてもらい上手〟になる方法

01

助けてもらいやすい人は、「放っておけない」と思わせる人

社交性や見た目の魅力とは関係ありません

あなたのまわりに「なぜかこの人は、まわりに助けてもらっている」という人はいませんか?

私のまわりにも、プロフェッショナル並みに〝助けてもらい上手〟な人がいて、「この人は仕事もお金も家族もなくても、生きていけるだろう」と思うほど。

ある友人は、初対面でも「そのボールペン、書きやすそうね」などと声をかけて、ちゃっかり「もらっちゃった」となったり、食堂のおばちゃんと談笑して小皿料理をオマケしてもらったり。彼女が言い出したパーティは、本人よりまわりの友人がせっせと準備をしていたり、ピンチのときはだれかが助けてくれたり。

私も彼女ほどの人懐っこさはないけれど、〝助けてもらい上手〟の部類に入るので

はないかと自負しています。自分から言い出さなくても、「野菜がたくさんあるけど、いる？」「使わなくなった家具があるけど、いる？」「仕事があるけど、やる？」「空き家があるけど、住む？」など、人の温情によって生きてこられたのですから。

〝助けてもらい上手〟は交渉が上手、特別な魅力がある、ということとは関係ありません。内向的で一見地味な人や、新入りでちょっと変わった人、そそっかしくてどこか抜けている人などが、なぜかまわりに助けられていることもあります。

共通するのは、まわりから自然に「この人を助けたい！」「放っておけない」「力になってあげなければ」などと思われていること。そして、そんな人の好意を喜んで受け入れていること。逆に、「自分はちゃんとやってますから」と自分とまわりの間に壁をつくる人、猜疑心の強い人、嫉妬心《しっとしん》のある人、プライドの高い人、遠慮しすぎる人などは、助けてもらう機会が少ないでしょう。

「助けてもらえる人」になれるかどうかで、人生における恩恵は何百倍も違います。

第5章では、ちょっとした心のもち方や、小さな行動で〝助けてもらい上手〟になれることをお伝えしていきます。

02

〝助けてもらい上手〟は、「好き」と「スキ(隙)」がある人

人の行動は、理屈より感情が優先されます

「助けてあげたい」「放っておけない」と思わせる人には、さまざまなタイプがいますが、すべてに共通するのは、「喜び」と「感謝」を示していることです。

シンプルに考えると、【〝助けてもらい上手〟の3つの条件】は、

1　先になにかしら相手を喜ばせている

2　どこか欠けているところがある

3　喜びと感謝を3割増しで示す

1の「先になにかしら相手を喜ばせている」は親切やギフトだけではありません。これまで書いてきたように「笑顔であいさつをすること」「名前を呼ぶこと」「見た目で好感を与えること」「ほめること」「変化に気づくこと」など、相手の気分が少し

でもよくなることなら、なんでもいいのです。そんなふうに自分のことを慕ってくれる人や、かわいがってくれる人を、人は「好き」になります（「好意の返報性」）。内気で消極的な人であっても、自分なりの喜ばせ方があるはずです。

人間の行動は、理屈より感情が優先されます。好きな人には、なにかしてあげたいし、嫌いな人には、足を引っ張ったり傷つけたりしたくなるのが人間なのです。

また、2の「どこか欠けているところがある」ことも肝心。弱点や欠点が見えるから「放っておけない」、がんばっているけどまだ未熟だから「力になりたい」と思うのです。

相手が入っていける「スキ（隙）」があるから、助けたくなるわけです。

そして3の「喜びと感謝を3割増しで示す」ことによって、相手はさらに「そんなに喜んでくれるなら、またなにかしてあげたい」と思うでしょう。そんな〝好意〟の循環で、〝助けてもらい上手〟の人間関係は成り立っているのです。

反対に、相手をないがしろにする人、完ぺきでスキのない人、喜びや感謝のない人を、助けたいと思う人はいないはず。〝好意〟の循環が断ち切れてしまうわけです。

つまり、「好き」と「スキ」がある人は〝助けてもらい上手〟なのです。

03

親切や手助けの恩は、〝送りっぱなし〟が基本

見返りを期待すると、気軽に「ギブ&ギブ」できません

車のタイヤがパンクして困っていたときに、友人が来てくれて、あれこれ手配。何時間もつき合ってもらったので「なにかお礼を……」と言うと、「そんなの、面倒くさいからやめて。気軽にできなくなるでしょ」と、さわやかに去っていきました。

彼女のなかには「ギブ&テイク」とか「見返り」といった発想がまるでなく、いつも「ギブ&ギブ」。だから、気軽に助けたり、助けられたりできるのでしょう。

だれかが困っているときや、力を必要としているとき、自分にできることがあれば、あたりまえのこととして手を貸す。そんな人の姿を、見ている人は見ているもので、その場ではお返しがなくても、そのうちどこからか、なんらかの手助けがあるのです。

最初から「得をしたい」と考えている人は、得になる人とはつき合うけれど、そう

でない人は視界にも入らない。相手にしてあげる行為の多くに、自分への利益がセットになっていています。そんな損得勘定は透けて見えて、人は離れていくでしょう。

人づき合いは、狙い通りにメリットがあるのではなく、狙えば狙うほど的が外れていく。「相手の気持ちは相手に任せよう」とゆるく構えていたほうがいいのです。

また、「借りはつくりたくない」という人もいますが、その気持ちはわからなくもありません。奢《おご》ってもらったり、助けてもらったりしたままでは、落ち着かず、なにかお返しをしなければいけない気がしてしまうのも、「返報性の原理」ゆえ。

しかし、相手のシンプルな好意なら、大いに喜び、大いに感謝することが、相手が喜ぶいちばんのお返し。気が済まないなら、小さなギフトで気持ちを示すのもあり。

基本的に人間関係の「ギブ&テイク」は不公平なもの。自分だけ与えてもらっていることもあれば、自分だけ与えているように感じることもあります。大事なのは、互いの納得感。あとで「あんなにしてあげたのに」「自分ばっかり」と恩着せがましく思うくらいならやらないほうがいいのです。「ギブ&ギブ」は、あくまでも「自分がやりたいからやっている」という、さわやかな主体性が必要なのです。

04

「ダメなところ」があるから、助けたくなる

「大丈夫」ではなく、「大丈夫じゃない」と言ってみましょう

人に好かれたいと思うとき、多くの人は、いいところを見せて、コンプレックスだと感じるところは隠そうとするもの。ですが、ほんとうは欠点や弱さを見せてしまったほうが好かれるのです。

「人間の長所は欠点があることだ」というユダヤの格言があります。

欠点があるから、謙虚になれる、弱点を埋めようと努力する、ほかの部分を伸ばそうとする、人の気持ちがわかるなど、理由はいろいろありますが、いちばんは、「人が助けてくれる」ということではないでしょうか。

そもそも人間はだれもが完ぺきではなく、一人では人生を全うできないから、補い合うために、つながろうとするのです。

私たちが「放っておけない」「どうにかしてあげなきゃ」「応援してあげよう」と思うのも、どこかダメなところや、欠けたところがある人で、非の打ちどころがない人ではないはずです。

私によく料理を差し入れしてくれる友人は「あなたが料理をちゃんと作る人なら、持ってこないわ」と言いますが、見るに見かねてという気持ちなのかもしれません。いい意味での「スキ（隙）」があるから、人が入ってくる余地が生まれるのです。

それに、**人はしてもらうより、してあげるほうが、相手のことを好きになるもの。**好きなスポーツ選手や芸能人の応援をするほど、「こんなに好きなのだ」と思い入れが強くなるのと同じで、身近な人たちに対しても、「それ、やってあげるよ」と相手のために動くほど、感情も一致して、ますます放っておけない存在になるわけです。

「これ、苦手なんですよね」「じつは○○が弱点でして」と欠点も弱さも見せたほうが、互いのため。しんどいとき、「大丈夫」と言っていた人は、素直に「大丈夫じゃない」と言ってみるといいでしょう。そんな人は、相手を信頼して甘えられる人。助けたり、助けられたりする関係をつくりやすいのです。

05

人と会うたびに「言うべきお礼はないか」と考える

〝感謝上手〟な人には、もっとよくしてあげたくなります

〝助けてもらい上手〟な人というのは、例外なく、喜びと感謝の気持ちをちゃんと伝えている人。「そんなに喜んでくれるなんて」「そんなに感謝してくれるなんて」と〝喜ばせ甲斐《がい》〟があるので、さらによくしてもらえるのです。

見返りなどなくても、「ありがとう」のひと言で、人は報われた気分になります。仲のいい夫妻や、部下からサポートされる上司なども、「いつもありがとう」と、あたりまえのこと、些細なことにも感謝しています。「やってよかった。またやってあげよう」と〝好意〟の循環はどんどん大きく太いものになっていくわけです。

せっかく感謝するのですから、最大限相手に伝わる工夫をしてみるといいでしょう。そのひとつが、人と会うたびに「言うべきお礼はないか」と考える癖をつけること。

ときどき顔を合わせる相手なら、**話のネタを考える前に「なにかお世話になっていないか」と考えるのです。**すると、結構あるもの。仕事関係者なら「先日はお世話になりました」、ご近所なら「道の掃除、ありがとうございました」、八百屋さんなら「この前はオマケしてもらえて嬉しかったです」というように。警備の人、業者の人にも「いつもありがとうございます。助かってます」と声をかけると喜んでくれます。

それは単なるお礼ではなく、相手にとっては「あなたのことを認めています」というメッセージ。縁の下の力持ちの人ほど「ありがとう」は心に強く響きます。

私はブラックな職場で、掃除のおばちゃんに「ありがとう」を繰り返していたら、「そう言ってくれるの、あんただけ」と、栄養ドリンクを度々差し入れしてくれました。

初対面の人には、帰りに「今日はありがとうございました。逢えてよかった」と言うのも効果的。ほめられたときは「ありがとうございます。◯◯さんに言ってもらえるとすごく嬉しい」と感謝すると、相手に敬意を示して、ほめ返したことになります。

「ありがとう」は相手が自分を好きになる魔法の言葉で、言い過ぎることはありません。その前に自分が人を好きになり、あたたかな気分になる魔法がかかるのですけど。

06

自分に興味をもってくれる人に「ギブ」を集中させる

たくさんの人に愛嬌《あいきょう》を振り撒《ま》くより、一人を大切に

パーティや飲み会などで、だれとでも分け隔てなく接することは大事ですが、気がつけば「結局、だれとも知り合いになれなかった」ということはありませんか。

どこへ行っても浅く広くつき合う、いわゆる〝八方美人〟タイプで、知り合いは多いけれど、「困ったときに助けてくれる人がいない」という人もいます。

そう。仲良くなるためには、相手に好意を与える〝ギブ〟が必要。ですが、〝ギブ〟の容量は限られているので、やみくもに振り撒いていても疲れるだけです。

自分から声をかけて、その反応で「自分に興味をもってくれる人に〝ギブ〟を集中させる」戦法のほうが、成功率は高いでしょう。

学生時代も、一緒にお弁当を食べたり、一緒に帰ったりする人が一人いるだけで救

われたもの。パーティも「一人でも顔見知りができればいい」と考えると、気がラク。二人で意気投合して、二次会をするほど仲良くなることもあります。

日常の出逢いやつき合いでも、自分がどれだけ興味を示しても、相手の態度から「この人はまったく自分に興味がないな」と感じることはあるものです。

そこに執着して傷ついたり消耗したりするより、自分に少しでも興味をもってくれる人に集中的に〝ギブ〟するほうが喜ばれるでしょう。

〝助けてもらい上手〟は、自分に興味をもってくれる相手を見つけること、そして、相手の興味のありかを見抜くのが得意です。興味があるのは「**仕事のこと？**」「**趣味のこと？**」「**ただ話を聞いてほしい？**」「**単純に人間に興味がある？**」というように。人は自分が興味をもつ話ほど身を乗り出して耳を傾け、饒舌になります。そんな〝ニーズ〟に、とことん〝ギブ〟を集中するから、助け助けられる関係が生まれやすいのです。

商売と同じで、人間関係も「相手が欲しいものを与える」という関係が、より深い信頼になっていきます。それは、思いやりであり、愛情。信頼は一朝一夕に築けるものではないから、「人を選ぶこと」はとても大切なのです。

07

「世話好きな人」と「お節介な人」を見分ける

やさしさの裏に、自分本位の欲求が潜んでいることもあります

「どこへ行っても、だれかが助けてくれる」という人は、面倒見のいい人を味方につけていることが多いものです。

第2章でも「おばちゃんと仲良くなると、人と人をつなげてくれる」と書きましたが、世の中には「なにかしてあげたい」という愛情深い人たちが意外に多く、そんな人たちと信頼関係が築けると、その場は心地よいものになります。

私も新しい職場、地域、サークルなどに入ったときは、年齢に関係なく、世話を焼いてくれる人たちに、あれこれと助けてもらいました。

ところが、面倒見のいい人には、単純にやさしさからくる世話好きな人と、「あなたのために」と言いつつ、親切の押し売りをするお節介な人がいるのです。

後者は、本人はよかれと思っていても、こちらの意に沿わなかったり、やんわり断ると、「人の気持ちも知らないで」と怒ったり、親切の見返りに図々しい要求をしてきたり。「自分が重要視されたい」「自分が優位に立って相手をコントロールしたい」という自分本位の欲求なので、だんだん鬱陶しくなってきます。

前者の単にやさしい人は、「それは遠慮しておきます」と丁寧に断ると、「了解。気にしないでね」とあっさり引き下がり、人間関係にヒビが入りません。**「相手が喜んでくれることが自分の満足」という相手本位なので、押しつけがないのです。**

「世話好きな人」と「お節介な人」を見分けて距離を測るのも〝助けてもらい上手〟の特徴。また、〝助けてもらい上手〟な人のなかにも、一見、〝甘え上手〟なようで、〝わがまま〟な人もいます。相手の迷惑や事情を考えずに、要求を押しつける、相手が断ると「ひどい!」と感情的になるのは、わがままな人の特徴です。

甘え上手は、「相手がどれくらいまでなら、気持ちよく応じてくれるか」をよくわかっていて無理なお願いはしないので、断られることも少ないはず。世話上手も、甘え上手も、相手を尊重できるから、頼り頼られながら人と関わっていけるのです。

08

〝お願い〟より〝相談〟してみる

同じ目的や問題をもつことで、〝仲間〟になります

まわりに気を使いすぎる人は、頼みごとをするのにも躊躇《ちゅうちょ》してしまうものです。

周囲は「早く言ってくれればよかったのに」「水臭いじゃないの」と思うことでも、本人は「こんなことを言ったら、迷惑をかけるんじゃないか」「嫌な顔をされるんじゃないか」と妄想して、言い出せないのです。

そんなときは、〝お願い〟や〝要望〟ではなく、〝相談〟という形で伝える方法があります。たとえば、自分が関係しているイベントの集客をまわりにお願いしたいとき、「宣伝して！」と頼むより、「ちょっと相談。参加人数が集まらなくて困っているんだけど、なにかいいアイデアはない？」と、巻き込んでしまうのです。

「それはたいへんだね。ＳＮＳで拡散したらどう？」「〇〇さん、拡散してもらうこ

とってできる？」「いいよ」という具合。**一緒になって問題解決しようとする立ち位置になることで、相手は〝味方〟〝仲間〟として、親身になってくれるのです。**

先日、私もこの「相談話法」を使う場面がありました。母が入居する高齢者施設に要望したいことがあったとき、「母が気分が落ち込むのが気になっていて、家族にできることはありますか？」なんて関係ない相談から始めて、「もしかして、こんなことってできますか？」と伝えると、「それは心配ですよね。わかりました」と了承。

最初から「ちょっと言いたいことがあるんですけど」なんて不満げに要望を切り出していたら、相手は萎縮するか、戦闘態勢になっていたかもしれません。「相談したいことがあるんですけど」と言えば、穏やかに話を始めることができるのです。

接点のある人を〝敵〟ではなく、同じ目的や問題をもつ〝味方〟〝仲間〟として接することで、余計な対立を生まずに一緒に考え、解決に導くことができます。

要望だけでなく、誘い、注意や指摘、断りたいときなど、なんでも〝相談〟に置き換えられます。まわりを味方や仲間にしていく人は、間違いなく、人生が好転していくはずです。

09

伝えるべき人に「やりたいこと」を伝えておく

ひたむきに進む人は、だれもが応援したくなります

スポーツ選手やアイドルだけでなく、身近なところにも夢や目標をもって、自分の道をひたむきに進んでいる人がいると、心から応援したくなるもの。なにか力になりたいと、協力することもあります。

基本的に、人は「応援する」ことが好きなのです。だれかが夢中になって取り組んでいる姿に力をもらえたり、成長することや成功することを一緒に喜んだり。

「夢や目標は公言する」と、まわりを巻き込んで、それに必要な情報や人間関係を引き寄せたり、自分の意識が変わったり、あとに引けない状況をつくったりする効果を生む場合もあります。

私も、30代後半で「上京してフリーライターになります！」と公言したとき、きっ

とだれもが応援してくれるだろうと思っていました。ところが、現実は「いいね。応援するよ」と言ってくれたのは一人だけ。あとは「いまさら？」「むずかしいと思うよ」「そろそろ落ち着く歳だよ」とネガティブなコメントがほとんど。

夢を公言すると、それを壊そうとする「ドリームキラー」が出てくるのは必然。純粋に心配していたり、無理だと感じたり、また嫉妬が混じっていることもあります。

小学生が「WBC日本代表の野球選手になります！」と言って日々努力をしていれば、だれもが応援してくれるでしょうが、大人の世界はそうもいかない。夢を公言することでプレッシャーになったり、コロコロ変えると信用をなくすこともあります。

そこで、私は夢や目標はみんなに「応援してほしい」と言うのではなく、「この人には知ってほしい」と思う人にだけ伝えることにしています。応援するかどうかは、相手の問題ですから。**最初から応援してほしいなんて期待せず、ひたすら自分の道を進んでいれば、自然に応援してくれる人は現れます。**そして一緒に喜んだり、残念がったりしてくれるように思うのです。応援してもらうには、夢や目標を公言することが大事なのではなく、それに向かってひたむきな姿勢で生きることが大事なのです。

10

「たすけて」の4文字が言えないあなたへ

「困った！」という小さな「SOS」を出す練習をしましょう

子どもからお年寄りまで「たすけて」と言えない人が増えているといいます。いじめに遭《あ》っている、ワンオペで限界、仕事が飽和状態、病気になった、孤独で頼れる人がいないなど、自分一人では抱えきれないほどの重荷を背負って押しつぶされそうなのに、だれにも「SOS」を出せないでいるのです。

「たすけて」のひと言は、とても勇気がいる言葉です。「恥ずかしい」「自分の責任だから」「迷惑をかけたくない」「ダメな自分を見られたくない」など理由はいろいろ。普段、あまり話をしていなかったり、自分をさらけ出すことや頼ることをしていなかったりするために、伝えることへのハードルが高くなっているのかもしれません。

リモートワークがあたりまえになり、それまでは気軽に「手伝って」「教えて」が言えたのに、きっかけがつかめず、一人で抱えるようになったという声も耳にします。

まずは、身近な人たちに、小さな「SOS」を出す練習をしてみませんか。

パソコンに詳しい人に「バックアップするには、どうしたらいい?」、力がありそうな人に「荷物を運びたいから手伝って」、なにかと頼りになる人に「微熱があるけど、どうしよう」など、困ったときは、だれかに小さな「SOS」を出すのです。人に道を尋ねるような気楽な感覚で。

普段から「この人はこの分野に詳しい」と得意分野を知っておけば、一人だけではなく、複数の適任者に頼れるでしょう。

積極的に頼ることで、まわりの人も、あなたに頼りやすくなります。

だれかが「SOS」を出してきたら、全力でそれに応えようではありませんか。

実際、だれかが困ったときに頼ってくれて、自分が役に立てるのは嬉しいものです。

ほんとうの自立とは、頼らないことではなく、多くの頼れる人、頼れるものをもつこと。普段から、少しずついろんな人にSOSを出していくことで、自然と助け、助けられる関係ができていくはずです。

第6章

どこへ行っても、気楽なつながりをつくれる人

01

上下関係から解放されて、〝ただの人〟としてつながる

気楽なつながりをつくれる人は、人を恐れていない人

人とのつながりというのは、偶発的であり、必然的。狙ってできるものではありません。合うか合わないかも、肌感覚でしかわからない。だから、さまざまな場面で、気楽に小さな交流を重ねてみるしかないのですが、そんな「ちょっとの交流」は貯金のようなもので、コツコツ貯《た》めていくと、あとで大きな喜びや安心感になるはずです。

第6章では、「どんな人でも気楽なつながりをつくる」ための小さなステップをご紹介します。私のまわりでも「気楽なつながりをつくる」天才たちがいます。そんな人たちの特徴を見ると、もともとの天才ではなく、つぎの3つに集約されるのです。

【どこへ行っても、気楽なつながりをつくれる人の〝3つの条件〟】

1　〝ただの人〟としてつながり、自然体

2　主体性をもって、つき合う
3　相手を尊重して、押しつけない

基本的に人や人間関係を恐れず、「あたたかいもの」ととらえているのです。「自分は自分のまま」「相手も相手のまま」でも、それはそれとしてOK。自分を出し、相手に興味をもつことで、あたたかい関係を築けると思っています。

逆に、人間関係を「冷たい」「怖い」「窮屈」「面倒」「傷つく」などネガティブなものとしてイメージしていると、心にストップがかかってしまうでしょう。

気楽につながれる人は、どこへ行っても自然体。年齢や立場に関係なく、まるで〝遊ぶ〟ように、出逢いやつき合いをフラットに楽しむ。また「こんなことが好き」とオープンに話すので、自然に共感する人、話して楽しい人が現れます。そして、相手を尊重し、よき理解者でもあるので、心地よい関係を築きやすいのです。

利害関係がないつながりは、「この人といると楽しい」「心地よい」「刺激がある」「自分をわかってくれる」など、〝快感〟によって、続いていくもの。そんな自然に生まれたつながりは、気楽に見えて、じつは強固なものなのです。

02

「居場所」をつくるには、まず自分から〝受け入れる〟

気楽な気持ちで、〝化学変化〟を楽しみましょう

「自分の居場所がない」という人たちを、テレビで目にする機会がありました。

気楽なつながりをつくれる人は、「人や人間関係をあたたかいものととらえている」と前項で書きましたが、「人は怖い」「人は冷たい」と感じている人が「いやいや、みんなやさしいのだ」と頭で思い込もうとしても、無理があるでしょう。

人への〝感情〟は、肌感覚と同じなのです。

人とのつながりも、居場所づくりも、自分で最初の〝一歩〟を踏み出すことから。

「あれ？　意外とすんなり受け入れてもらえた」「世の中、捨てたものではない」と感じる〝成功体験〟をつくり、〝慣れ〟ていくしかありません。

引っ越した地域、新しい職場やサークル、飲み会の集まりなど、慣れない場所に入

っていくとき、多くの人は「自分を受け入れてくれるだろうか」と肩に力が入っているものです。しかし、**ほんとうは「自分がその場所、そこにいる人のことを受け入れること」のほうが先決なのです。**

友人の15歳の息子が、いじめに遭って不登校になり、1年間、音楽を学ぶスクールに通うことになりました。彼なりに思うところがあったのでしょう。登校初日に、出逢う生徒や先生すべての人に、自分から大きな声であいさつをしたのだとか。

そこから、「あいさつをしてくれた◯◯くんだよね」と声をかけられるようになり、少しずつ話すようになり、学校生活を楽しんで1年後、人が変わったように生き生きと発表会でソロパートを歌うほどになったのです。

最初は彼も、「いい出逢いがあるといいなぁ」と期待を膨らませつつも、恐る恐るあいさつをしたのでしょう。でも、少しずつ慣れて抵抗感がなくなり、彼自身がその場所を受け入れて心を開くことで、人と人が刺激し合って〝化学変化〟が起きたのです。

相手の気持ちは相手に任せて、まず自分から受け入れる。すると、たくさんの出逢いがあるだけでなく、まだ見たことのない自分にも出逢うことがあるのです。

03

〝居場所〟が欲しければ、自分がだれかの〝居場所〟になる

相手に興味をもち、よき理解者になれば、そこは相手の居場所になります

「リラックスできる」「話が弾んで楽しい」「刺激を受ける」「ほっと安心できる」など、私にとって大切な人や場所は、相手が、マイペースな私のことを理解して受け入れてくれているから存在していると思います。

私がなにを好きで、なにが苦手で、なにをしたくて、なにをしたくないか。なんとなく理解してくれているから、話をしていて安心できるし、楽しいのです。

「そろそろ仕事で疲れてきたころじゃない？　たまにはご飯しに来なさいよ」と声をかけてくれたり、「来年は一緒に野望を叶《かな》えましょうね」と秘密計画を語り合ったりするのは、私の性格を恐ろしく理解しているから。

でも、よく考えると、初めは、私が相手に興味をもって近づいたり、たまたま出逢

った人と意気投合して「もっと知りたい」「また会いたい」と思った気もします。恋愛と一緒で、どちらが先に好きになったかは、わからなくなっていますが。

確実なのは「きっとこの人はいい人なのだ」と〝期待感〟をもって見つめて、自然に「こういうところ、面白いなー」「ここはさすがだ」「これは見習いたい」と〝いいところ探し〟をしていたことです。

相手の話を聞いていると、自然に「つぎは、こんな話をしよう」「こんなことを聞いてみよう」「今度、こんなことに誘ってみよう」と相手が楽しんでくれるアクションが生まれてくるもの。

そんなときは「自分がどう思われるか」はほとんど考えていなくて、「相手が楽しんでくれるか」と、相手に意識が向いています。

相手の喜びを考えることが、「心地よい場所」になると思うのです。

〝居場所〟が欲しいと感じたら、まずは、自分がだれかの〝居場所〟になること。

期待感をもって見つめる。観察して〝いいところ〟を認める。一緒に楽しむ……。

そんな流れが、互いに心地よい場所をつくっていくはずです。

04

「それ、やりますよ」で、自然につながりが生まれる

幸せになるための三要素は「自己受容」「他者信頼」「他者貢献」です

私はひどく気が利かない人間だったのですが、台湾留学時代、何度かホームステイをしたことで、少しばかりマシになった気がします。

その家でなにもしないと、いつまでもお客さんのようで心苦しい。

「なにかしましょうか？」「それ、やりますよ」と、食事の準備や掃除など、できることを積極的に見つけることで、その家に馴染んでいきました。ある家では「じゃあ、子守りをお願い」「親戚の食事会に一緒に来て」「愚痴を聞いて」などを頼まれることが多く、家族のようにつき合えるのが嬉しかった。数年後、その家の息子たちがアメリカに留学したときは、彼らの食生活が心配で日本からインスタント味噌汁を送っていたほど。

その場所で「やれること」を見つけると、居場所になります。「自分はここにいていいのだ」という幸福感に満たされ、さらになにかしてあげたいと思うのです。

新しい職場やサークルに入っていくときも、やることがなくてポカンと座ったままでは、いつまでもお客さんのようで落ち着かない。「私、やりますよ」と積極的に役割を引き受けることで、受け入れてもらっている安心感が生まれるでしょう。

基本的に人は、自分の力をだれかのために生かしたいと思っています。自分がやったことを喜んでもらえるのは無上の喜び。自分で自分が好きになれるものです。

アドラー心理学では、幸せになるための三要素を「自己受容」「他者信頼」「他者貢献」としています。人間は社会的動物であり、共同体のなかで生きているので、人を受け入れ、人に貢献することによって、自分を肯定して受け入れられるといいます。

つまり、人間関係のなかで自分をどう認識するかが、とても重要なのです。

「それ、やりましょうか」と、ひと言、声をかけるだけで、つながりが生まれます。

でも、ほんとうはなにもしなくても、そこに存在しているだけで意味のあることだと思うのですけど。

05

一緒に体を動かすと、連帯感が生まれる

「大人のクラブ活動」の機会をもちましょう

ときどき、地元にあるお寺の例会に行って、会のあとにみんなで輪になって仏具を磨きます。それぞれパーツを決めて手をせっせと動かし、流れ作業をするうちに、不思議な連帯感が生まれて談笑し、あたたかく、心地よい空気になるのです。

先日は、ある女性が「じつは、身内がギャンブル依存症で……」と話し始め、見知らぬ者同士で「辛かったね」と慰め、親身になって解決するために話し合ったほど。女性は悩みが解消しなくても、辛い気持ちを話せたことで、心が軽くなったのか、仏具磨きが終わるころには、すっきりした笑顔になっていました。

「一緒に作業をする」「一緒に体を動かす」「一緒に遊ぶ」など、一緒に手足を動かしてなにかをすることは、心の距離を縮めてくれるものです。

子どものころは友だちと一緒に走り回って遊んだり、思春期は部活動で一緒に汗を流して感動を味わったり、学園祭やイベントで口論をしながらもなにかを一緒につくり上げたりするうちに関係を深めていくものです。しかし、大人になると、仕事以外の利害関係のないところで、「一緒になにかをする」という体験がなかなかありません。

とかく、女性はたくさん会話をすることで関係を深め、男性はゴルフや釣り、ゲームなど、一緒になにかの活動をすることで仲良くなるといわれます。

ならば、それを合体させた「一緒になにかの活動をして話す」という機会をもつことで、一緒に楽しみながら気楽なつながりがつくれるのではないでしょうか。

だれかが「卓球やりたいんだよね」などとつぶやいたら、「いいね。一緒にやろうよ」と乗っかってもいいかもしれません。「一緒に料理して食べよう」「一緒に楽器を演奏しよう」「一緒に陶芸体験をしよう」「一緒に海辺の清掃活動をしよう」「一緒に山に登ろう」など、大人のクラブ活動をすると、楽しいではありませんか。

単発でも、定期的にでも、人と一緒になにかをするのは、心を解放して、自然につながりをつくる近道なのです。

06

「馴染みの店」「馴染みのメンツ」をつくろう

気楽に集まれる場所があるのは、心強いもの

2023年の世界競争力ランキング1位、世界幸福度ランキング2位のデンマークがどんな国なのか見てみたくて訪ねてきました。デンマーク在住の友人は、働きやすさや暮らしやすさの鍵は、〝ヒュッゲ〟にあるのではないかと言います。

〝ヒュッゲ〟とは、身近な人たちとくつろぐ時間を過ごすこと。頻繁に「週末、ヒュッゲしよう！」と声をかけ合い、家族や友人、近所の人たちと、わいわい食卓を囲むのだとか。といっても、おもてなし料理を用意するわけではなく、焼いた肉や一品料理などシンプルなもの。ゆったり幸福感、充足感を味わうことがメインなのです。

実際に私も体験して、激しく納得。目的があるわけでもなく、ただ集まって、ゆったりまったりおしゃべりをする時間を重ねていると、相手への理解や情愛が深まり、

自然に助け合うことも増えるだろうと確信したのです。

私が日本の田舎で暮らしていたときも、〝もえ〟という風習があり、集落の女性たちが月1回、夕方からだれかの家に集まり、食事をしながら、ひたすらおしゃべり。何十年もの間、ほぼ欠かさず行われてきたといいます。女性たちは、嫁《よめ》姑《しゅうとめ》問題や介護問題、地域のトラブルなど、そこで話すことで乗り越えてきたのでしょう。

進化心理学者のロビン・ダンバーによると、心臓発作と脳卒中の患者の生存率にもっとも影響のあった要因は「友人の数と質」。これほど影響する要因は、ほかに「禁煙」だけだそうです。彼が提唱するのは「馴染みのパブをもつこと」で、そこに通う友人が多いと、幸福感、人生の満足度、地域での信頼が厚いことが実証されているとか。

お酒を飲まない人は、**月1回、数人からでも「馴染みのメンツ」で集まり、食事をしてはいかがでしょう。**「鍋を囲む会」「本を語る会」「ゆんたく会」など、会の名前をつけるだけで、ただの集まりより実施率が高まり、発展していくかもしれません。

ゆるく、度々会うことは、意外に重要。「馴染みの店」「馴染みのメンツ」は、人間の幸福にも健康にもいいのですから、気楽に始めてみませんか。

07

トラブルがあると、人と人のつながりは強くなる

辛いときこそ、人のあたたかさがクローズアップされます

デンマーク旅行では、とても大きな収穫があったものの、わりと大きめのトラブルもありました。まず、私が出発便で預けたスーツケースが旅の最後まで行方《ゆくえ》不明。同行した友人は、パスポートと財布の盗難被害。現地の友人たちと家族、見ず知らずの人まで巻き込んでトラブルを乗り越えるなかで、何度も合言葉のように言い合ったものです。「不幸な出来事は、人のつながりを強くする」と。

ともに解決しながら団結力が生まれ、一緒に嘆いたり、怒ったり、「笑うしかない」と大笑いをしたりするうちに、確実に絆《きずな》が強まっていったのです。友人の外国人の夫も、怒りながら各所へ電話で連絡してくれて、「自分にもできることがあったから、みんなの輪に入れてよかった」と言ってくれました。

災難や災害は、あってほしくはないものですが、つながりは強くなります。自然災害でも、地域の結束が強まったり、通りがかりの人が救出してくれたり、見知らぬ人から温情を受けたり……と人のあたたかさがクローズアップされてくるものです。

教訓となったのは、楽しいときだけ人と関わるのではなく、むしろトラブルがあったときこそ、人をどんどん求めたほうがいいということ。そして、苦労を分かち合ったり、見守ったりしてくれている相手だから、喜びもシェアできるということ。表面的なつき合いであれば、「一緒に喜んでほしい」とはならないのです。

今回の友人たちとは20年ほど、海外在住のライター仲間として、ゆるく自然体でつながっている関係。それぞれ病気や家族との死別、仕事の苦労などがあったことを知っているから、嬉しいことがあったときは伝えたい関係になっているのでしょう。

旅行中、私の本が「書店でランキング1位になった」というスマホの画像を見せたら、自分のことのように大喜びしてくれました。これこそが、人間関係の醍醐味《だいごみ》なのかもしれません。困難や悲しみなどをシェアすることは、喜びをシェアすることの前振りと考えると、ダメで情けない自分も見せられるような気がするのです。

08

ユーモアのある人は、出逢いも多く、人づき合いが続きやすい

「楽しかった！」と思えば、自動的にまた会いたくなるものです

私にとって「この人とはつき合いが長い」とか「なぜかあの場所によく行く」と〝居場所〟のようになっている、人や場所のいちばんの共通点は、間違いなく〝笑いとユーモア〟だと確信しています。

その人となにを話したかは、数日も経つと9割がた忘れてしまいます。

しかし、「あー、楽しかった」「よく笑ったなぁ」という肌感覚は意外によく覚えていて、「また会いたい」と思うのです。

〝ユーモア〟のある人は、人を笑わせるための愛嬌や表現力がある人気者のように思えますが、そんな人だけではありません。一見、地味で口数が少ない人であっても、ぽつりと面白いことを言ったり、シュールな雰囲気を醸し出していたりすることもあ

ります。

その人自身が「面白がっている」ということなのだと思うのです。

ユーモアのセンスに乏しい私も、「面白い」という口癖（脳内口癖も含む）を使うようになってから、人間関係が楽しく変わってきました。

初対面の人に対しては「この人、面白いなー」と思って眺めると、隠れた魅力を発見して、仲良くなりやすい。ネガティブなことも「笑っちゃうよね」と自虐的に話すと、受け入れてもらいやすい。自分の意見も前後に笑いを挟むと、言いやすくなる。

真剣に話したいときほど、相手が身構えたり、怒りや不安に支配されたりしないよう、笑いで薄く包んだほうがいいのです。

ときどき、「それって面白くない？」と、ぽつりと言うだけでも場が和みます。**なんでも面白がって眺めることで、自分も他人も状況も客観的に観察できて、心に余裕が生まれます。**悲劇の出来事もコメディドラマに見えてきて、自分が救われるのです。

「面白きこともなき世を面白く」できる人は、笑顔が多い分、気軽に人とのつながりをつくり、深めていくのではないでしょうか。

09

一歩踏み出すと、出逢いの頻度が高まる

興味がある集まりには、お試し感覚でどんどん顔を出しましょう

新しい出逢いが欲しいけれど、「会社と家の往復だけ」「いつも同じメンバーだけで遊ぶ」「出逢いはあっても深いつき合いになれない」などと言う人は多くいます。人間関係が狭まってくると、視野も狭まって、刺激も活力もなくなってくるものです。

私は人間関係も微生物の〝アメーバ〟のように、ひとつのグループから離れたり、くっついたりしながら、流動的に形を変えていくものだと思っています。

年々、関心事や、やりたいこと、価値観も変わってくる。それによって人間関係が変わっていくのは当然。結果的に何十年もつき合っている人もいれば、ズレを感じて疎遠になっていく人、新しくつき合う人が出てくるのも当然なのです。

前述したロビン・ダンバーは「類は友を呼ぶ」で、共通項が多いほど、相手を知る

面倒なプロセスが省けて、簡単に友人関係をつくれるとしています。

共通項である「友情の七本柱」は**「言語（または方言）」「育った場所」「受けた教育や職業経験」「趣味や関心事」「世界観（道徳観、宗教観、政治観）」「ユーモアのセンス」「音楽の趣味」**。加えて「30分圏内に住んでいる」なら、なおよし。当てはまる項目が多いほど、話が合い、仲良くなりやすいのは実感できるでしょう。

生まれや育ちは変わらなくても、趣味や関心事、世界観などはどんどん変わっていくのですから、興味がある集まりには、お試し感覚でどんどん顔を出すことをおすすめします。一歩踏み出すと、見たことのない景色が広がってくることもあります。

私は半年前から、伝統楽器の天吹《てんぷく》の同好会に参加。ほとんどが高齢者なので大歓迎され、意外にハマって、みんなで練習するのも、イベントに参加するのも新鮮で楽しい。台湾の友人の尺八グループともつながり、「いつかみんなで台湾に行って、交流演奏会をしよう！」と盛り上がっています。

「好きなものが同じ」であれば、違いが多くても、その分、刺激や学びも多いと実感。歳を重ねるほど、新しい人間関係に身を置くことが大事だと思うのです。

10

人が集まる場の〝プチ主催者〟になってみる

小さな目的を共有すると、連帯感が生まれます

自分の興味があるサークル、習いごとなどに参加するのは楽しく、つながりをつくっていく一助になりますが、自分が集まりの〝プチ主催者〟になって、人に集まってもらうのはさらに主体的な喜びと楽しみがあるものです。

最初から「友だちを増やそう」「やるからには続けなきゃ」と気負うのではなく、「だれかに心地よい場所を提供できればいい」という軽いサービス精神であれば、声をかけるのもラク。1、2回集まって感触を見るだけでも、やる意味はあります。

最初のポイントは、「だれかと一緒に始めること」。一人で始めるのは二の足を踏んでしまうし、だれも集まらなかったら寂しく、続けるのも億劫《おっくう》です。

2人いて、共通点がカレー好きであれば、「じゃあ、カレー研究会をやろうよ」と

会を発足して、月1回、新しい店を開拓し、インスタグラムなどのSNSにアップするだけでも、仲間意識が生まれます。カレー好きな人を見つけたら、「では、うちの研究会に。カレー男子、大歓迎！」などとスカウトもできるでしょう。

また、**得意なもの、好きなものを教えたり、一緒に楽しんだりする方法もあり。**

ある友人は、手相や四柱推命の占いの勉強をしたものの、忘れそうになっていたため、月1回、公民館の会議室を借りて、教室を開講。あえてSNSは使わず、来た人にチラシを配ったり、掲示板に貼ったりとアナログな方法で広めていったら、人が人を呼んで最初は3人だったのが数カ月で10人になったといいます。

まず、友人同士で始めて、つぎに友人以外も誘い、いけそうだと感じたら、SNSなどを使って本格的に広めていくのもあり。あくまでもみんなが楽しめる範囲で。

ボランティア、イベントへの参加、アウトドアの楽しみなども、なにかしらグループ名をつけて連帯感ができると、続けやすくなるものです。

きっかけは、なんでもいいです。小さな目的を共有するだけで、新しいつながりが生まれて、生活も充実してくるのではないでしょうか。

11

〝知り合い〟から〝友人〟になるために必要なもの

「どうしても会いたい人」なら〝口実〟をつくりましょう

「ちょっと話したいんだけど」「明日、会えるかな?」と、なんの用事もないのに、気軽に連絡できる友人というのは、ありがたいもの。改めて考えてみると、「理由がなくても会える人」は、意外に少ないのです。

知人と友人の違いを、こんなふうに聞いたことがあります。

「理由がないと会えないのが、知人。

理由がなくても会えるのが、友人。

理由をつくってでも会いたいのが、好きな人」

会うのに理由が必要かどうかは、心の距離感や信頼関係によるもの。理由がないと会えない知人は、それはそれで大事な人ではありますが、心の距離があるため、目的もなく誘っても相手は「え？　なんで？」となるでしょう。

一方、なにもなくても会える友人は、「会うだけで楽しい（または癒やされる）とわかっている」「相手も都合がよければ、応じてくれる」という、暗黙の共通認識と安心感があるから誘える。心が開いているので、気を使わずに話すことができるのです。

友人には、小学校からの長いつき合い、趣味仲間から友人になった人、1回会っただけで意気投合して友人になった人など、さまざまなパターンがありますが、友人になるためには、一度でも一対一で、じっくり向き合う機会が必須条件でしょう。

だから、私は「この人と友だちになりたい！」という興味のある人には、適当な口実をつくって会いに行ったり、誘ったりします。**大抵は2、3回食事をしながら、ゆっくり話すと、それ以降は理由がなくても会えるようになるのです。**なかには、ずっと知人のままの人もいますが。

友人や仲間は、狙った通りにつくれるものではありません。でも、「もう少し話したい」と興味をもち、一歩踏み出すことでつながりが生まれることがあります。

恋愛をするように、自分の〝好き〟はふんわり気軽に示していきましょう。

12

「ほどほどの距離感」の基準をもつ

〝自分軸〟を基準にすると、自由な選択肢が用意されます

相手がどんな人でも、「ほどほどの距離感」を保てれば、気楽なおつき合いができるのではないかと思っています。

距離が近すぎると、相手の欲求を断れず我慢したり、お節介が鬱陶しかったり、相手の言動にイラッとしたり、あれこれ詮索されて嫌になったり。距離が遠すぎると、相手の気持ちがわからず不安になったり、連絡がなくて寂しくなったり、避けられていると感じたり……と、どちらも心地よくないでしょう。

「ほどほどの距離感」とは、相手のことが気にならない距離感。近すぎても、遠すぎても気疲れするもの。ちなみに私は、言葉で攻撃してくる人がいたら、速攻で逃げて、まったく視界に入らない状態まで距離をとります。

「ほどほどの距離感」には、シンプルな基準があります。それは……、「いま、自分がどう感じているか」

距離感を保てない人は、「あの人は、私が断ったらどう思うか」「なんであんなことを言うのか」「私のことが嫌なのか」と〝相手軸〟で考えてしまうのです。「前にお世話になったから」「これからもつき合わなきゃいけないから」と〝過去〟と〝未来〟にも思いをめぐらしてしまいます。

でも、自分の心が押しつぶされたら、余裕のない言動になってしまうはず。

意識的に「私は」を主語にして、自分の心に聞いてみるといいでしょう。

「いま、私は断りたい」「私は少し離れたい」「私はもっと話したい」など〝自分軸〟を基準にするのです。すると、ケースバイケースで「ここは相手に合わせよう」「ここは自分の意見を通そう」と自分の意思で選べるようになります。

相手の感情は、相手の責任。自分の感情は、自分の責任であることを忘れずに。

「みんなに好かれる人」になるより、自分がご機嫌で過ごして、「一緒にいて心地よい人」になったほうが、結果的には好かれるのです。

13

相手の欠点に慣れると、つながりが深まる

人間関係は、互いの〝いいとこどり〟を

せっかくいい出逢いがあったのに、「あの人の見栄っ張りなところが許せなくて……」「いい加減で口先ばっかりの性格にイラッとする」というように、少し嫌なことがあると、その人の全部が嫌になって、つながりを断ってしまう人がいます。

しかし、これはほんとうにもったいない。だれにだって欠点はあるもの。いえ、欠点だと思っている部分は、別の人から見ると、長所なのかもしれません。

必要なのは、**相手の欠点を「我慢すること」ではなく、「慣れること」**。

「そういうところもある」「それでいいのだ」とあっさり受け入れてしまえば、だんだん気にならなくなってきます。山ほどある長所のほうを見ようとすることで、嬉しいこと、楽しいこと、感動することもたくさん享受できます。互いにいろいろな事情

があるのですから、〝いいとこどり〟でいいのです。

そもそも人間関係とは、〝部分的〟で、独りよがりなものです。

たとえば、推しのアーティストがいて「曲と歌詞がものすごく好き」でも、ほかの部分をすべて知ることはできないでしょう。

飲み屋で顔を合わせる紳士、一緒に趣味を楽しむ人、おしゃべりを楽しむ友人、恋人や家族でも、自分にとって100％都合のいい相手であるわけはなく、すべてをわかり合えるものでもありません。

どうしても嫌なら離れればいいことで、つながる選択をしたなら、「そういうところもある」と笑い飛ばせばいいではありませんか。自分で自分を苦しめないためにも。

相手の嫌な部分は、自分自身に対しても「NG」を出していること。「自分はこういうことが嫌で、やらないようにしていたのね。よくがんばった！」と自分への労いに変換すると、気持ちが落ち着いてきます。

人を受け入れる心の癖は、懐の深さになり、人づき合いの深さになります。

「そういう人もいる」「そういう部分もある」と気楽につき合っていきましょう。

14

気楽なつながりをもつためには、孤独であることも必要

「適当に一人、適当に一緒」で生きていきましょう

「つながりなど要らない」「ずっと一人でいい」という人が増えているといいます。逆に「つながっていないと不安」「つながっているのに孤独」という人もいます。

私も一人が大好き。どこに行くのも大抵、一人。旅も、ほとんどは一人旅です。

でも、だからこそ、人とつながりたいとも思うのです。

人生の旅路は、ツアー旅行ではなく、基本的に一人旅。ツアー旅行であれば、人と知り合わなくても、ガイドさんと運転手さんがいれば、旅は成立するでしょう。

一人旅だと、だれかが道案内をしてくれるわけではなく、どこに行くのも、なにをするのも自由。一人も楽しいけれど、ときどき、だれかをつかまえて「あの丘まで行く道、教えて」「いいホテルない？」「この街で楽しめることある？」「一緒に途中ま

で行く？」と、人の力を借りなければ、旅を全うできないときもあります。

多くの人と出逢っているうちに、偶然のような、必然のような〝化学変化〟が起きて、自分でもびっくりするほど遠くまでたどり着くこともあります。

人を生かし、輝かせてくれるのは、〝人〟でしかないと感じます。

「人間は孤独なのだ」と、孤独の喜びも、少しの心細さも引き受けた人だけが、どこに行っても気楽なつながりをつくり、気ままな「適当に一人、適当に一緒」の旅を楽しめるのではないでしょうか。

「孤独は嫌。人とつながらなければ」となにかにしがみつこうとすると、依存して辛くなったり、我慢したりして、自分を生かしていくことができないはずです。

大人のいいつながりは、ゆるく、心地よいもの。相手も自分も元気になれるもの。だから、いい関係であれば、焦らなくても、どうやっても続いていきます。

「明日はどんな人に出逢うんだろう」と、人とのつながりを大いに面白がって、大いに楽しんでください。

あなたの人生がすばらしき旅になりますように。

〈著者略歴〉
有川真由美（ありかわ・まゆみ）
鹿児島県姶良《あいら》市出身。台湾国立高雄第一科技大学修士課程修了。作家・写真家。化粧品会社事務、塾講師、衣料品店店長、着物着付け講師、ブライダルコーディネーター、フリー情報誌編集者など、多くの転職経験を生かし、働く女性のアドバイザー的存在として書籍や雑誌などで執筆。
著書に、ベストセラーとなった『一緒にいると楽しい人、疲れる人』『なぜか話しかけたくなる人、ならない人』『50歳から花開く人、50歳で止まる人』『まんがでわかる 感情の整理ができる人は、うまくいく』（以上、ＰＨＰ研究所）や、『いつも機嫌がいい人の小さな習慣』（毎日新聞出版）、『「気にしない」女はすべてうまくいく』（秀和システム）等がある。

どこへ行っても「顔見知り」ができる人、できない人

2023年11月24日　第１版第１刷発行

著　　者　有川真由美
発 行 者　永田貴之
発 行 所　株式会社ＰＨＰ研究所
東京本部　〒135-8137　江東区豊洲5-6-52
ビジネス・教養出版部　☎03-3520-9619（編集）
普及部　☎03-3520-9630（販売）
京都本部　〒601-8411　京都市南区西九条北ノ内町11
PHP INTERFACE　https://www.php.co.jp/
制作協力
組　　版　株式会社PHPエディターズ・グループ
印 刷 所
製 本 所　図書印刷株式会社

ISBN978-4-569-85594-3

PHPの本

50歳から花開く人、50歳で止まる人

有川真由美 著

50代からは「遊ぶように生きる」と、うまくいく。気負わず、無理せず、伸び伸びと、自分のために生きて、働く人生に変える知恵。

定価 本体一、三五〇円（税別）

PHPの本

口ぐせを変えれば、人生はうまくいく

朝起きてから夜寝るまで、いいことが起こる92の習慣

有川真由美 著

あなたがいつも、どんな言葉を使っているかで
人生は決まる。やる気や努力に頼らなくても、
人生が劇的に変化する言葉の習慣！

定価 本体一、四五〇円（税別）

PHPの本

孤独を楽しむ人、ダメになる人

有川真由美 著

孤独はさびしいというのは思い込み。最初は慣れなくても、じきに慣れます。楽しみが山ほどある「幸せな孤独」を紹介する本。

定価 本体一、四〇〇円（税別）

PHPの本

まんがでわかる 感情の整理ができる人は、うまくいく

有川真由美 文／Jam まんが

人生がうまくいくか、いかないかは感情しだい。現実と感情の折り合いがついて、仕事も人間関係も好転する、とっておきの考え方！

定価 本体一、二〇〇円（税別）

PHPの本

一緒にいると楽しい人、疲れる人

有川真由美 著

「あの人といると楽しい」「また会いたい」と言われる人は、どんなことをしているの？　気持ちのいい人になるためのとっておきの知恵。

定価　本体一、二〇〇円（税別）